Juegos de Lectura
LECTURA EFICAZ

El diario de Cristina

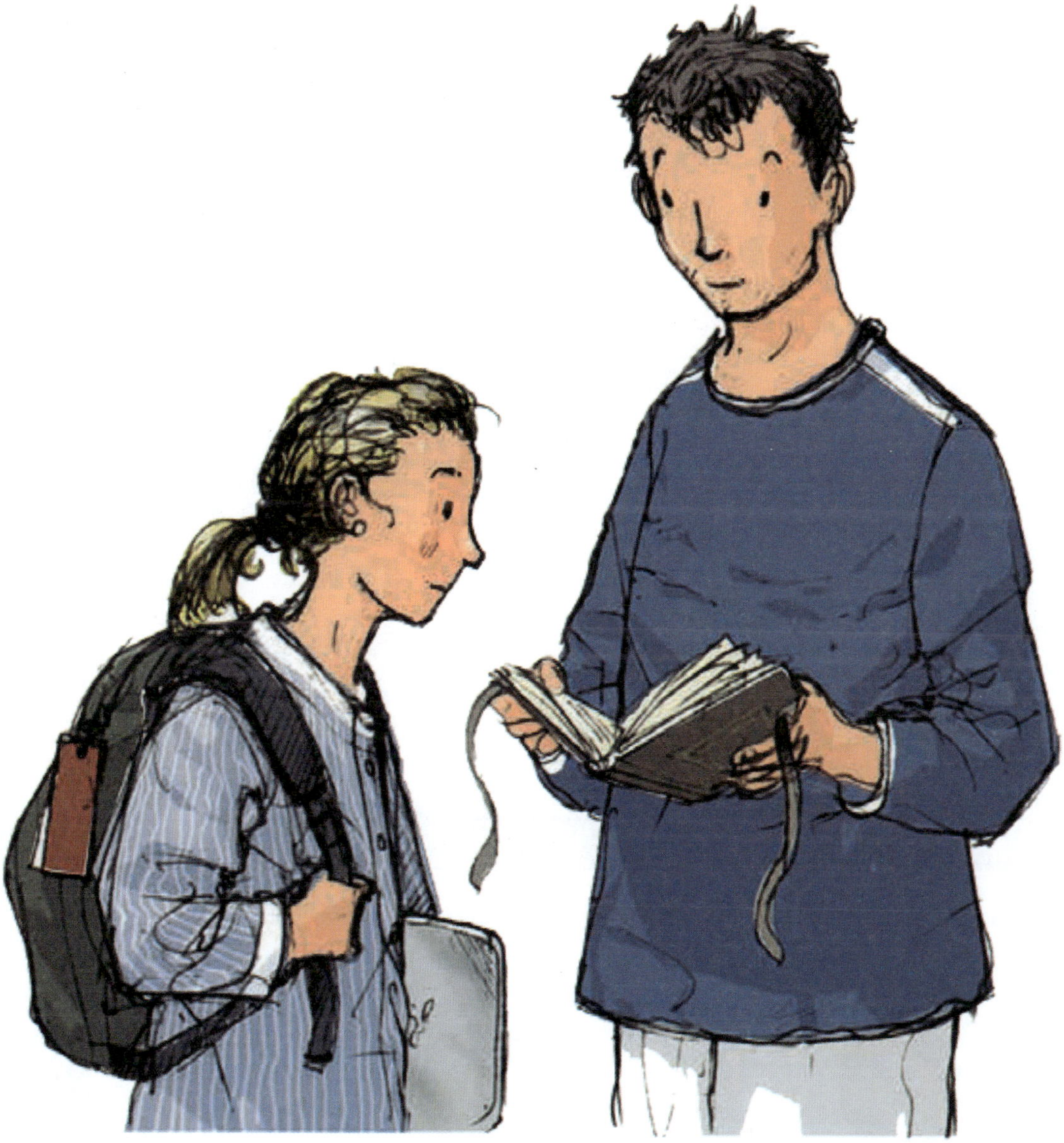

Bruño

GRUPO ANAYA

¿A QUÉ JUGAMOS?

2

SALIDA

3

Las reglas del juego

PASO 1 Leed el texto y observad atentamente la cubierta y la contracubierta de vuestro libro *El diario de Cristina*.

PASO 2 Leed estas pistas para saber cómo va a mejorar vuestra lectura.

LEO Y COMPRENDO **LEO Y PIENSO**

LEO A MI ALREDEDOR **LEO EN VOZ ALTA**

➤ Comprenderé todo tipo de textos.
➤ Organizaré mis ideas.
➤ Leeré mejor en voz alta.

CONOZCO LA LENGUA

➤ Aprenderé el significado de las palabras y cómo emplearlas.

ENTRENO MI VISTA

➤ Sabré concentrarme mejor.

ENTRENO MI MEMORIA

➤ Reforzaré mi memoria visual.

ESCUCHO Y COMPRENDO

➤ Comprenderé mejor las lecturas que escucho.

¿Qué necesitas?

→ Fichas de color para cada jugador.
→ Un dado.

¡ME GUSTA LEER!

El diario de Cristina

Ana Alonso

Ilustraciones de Jordi Vila Delclòs

ANAYA

PIZCA DE SAL

1 ¿Quién crees que son los personajes que ves?

CONTRACUBIERTA

2 ¿En qué momento reciben el diario Raquel y Eva?

3 ¿De qué época es el texto?

4 ¿De qué trata el diario?

5 ¿Qué acontecimientos históricos se cuentan en él?

PASO 3 Tapad las pistas con una hoja de papel.

PASO 4 Organizaos en grupos de 3 o 4 participantes. Uno de vosotros arbitrará el juego y dirá si las respuestas son válidas.

PASO 5 El primer jugador tira el dado y avanza las casillas que indique (puede iniciar el juego el participante que saque el número más alto).

PASO 6 ■ Si cae en una casilla vacía, pierde la vez.
■ Si cae en una casilla con círculo de color, tiene que explicar en qué le ayudará este tipo de actividad.
■ Si cae en una casilla numerada, contestará a la pregunta sobre la cubierta y la contracubierta.

PASO 7 ■ Si aciertas, adelantas una casilla.
■ Si fallas, retrocedes dos casillas y pasas el turno a otro jugador.

PASO 8 Gana quien llegue primero a la meta.

JUEGO 1

LEE EN SILENCIO

Puedes consultar el libro las veces que lo necesites

¡Empezamos!

Lee el capítulo 1 y realiza las actividades.

→ **¿Qué despierta a Raquel?**

a El teléfono sonando.

b El agua de la ducha.

c Sus padres hablando.

d El servicio de habitaciones.

→ **¿Dónde viven Eva y Raquel?**

a En Barcelona.

b En Málaga.

c En Sevilla.

d En Valencia.

→ **Raquel siempre…**

a iba por detrás en todo.

b se adelantaba en todo.

c discutía por todo.

d sonreía por todo.

→ **El abuelo llegaba desde…**

a Londres.

b Barcelona.

c Lisboa.

d Málaga.

→ **Marca con una cruz las tres afirmaciones que son verdaderas.**

☐ Carmen confunde a Raquel con Eva porque no lleva lentillas.

☐ El paquete de regalo lleva un lazo de raso rosa.

☐ Eva va corriendo a la habitación de al lado sin zapatillas.

☐ El regalo que tienen en la habitación es de una pariente lejana.

☐ Solo el padre de Raquel y Eva conoce a la pariente lejana.

☐ El abuelo está viajando en tren para llegar al cumpleaños.

→ **¿Con qué ropa distingue Carmen a sus hijas?**

☐ Con albornoz.

☐ Con ropa de calle.

☐ Con pijama.

☐ Con disfraces.

☐ Con ropa de fiesta.

→ **¿Desde cuándo el abuelo no se acuerda de los cumpleaños?**

....

....

Juega con las palabras

Busca cada palabra en la página indicada del libro. Lee el párrafo en el que está para deducir su significado.

➜ **Escribe el número de cada palabra junto a su significado.**

1 **rumor** (página 5)
2 **azulejos** (página 5)
3 **tímidos** (página 7)
4 **umbral** (página 7)
5 **lentillas** (página 7)
6 **regreso** (página 8)
7 **conferencias** (página 8)
8 **delicado** (página 9)
9 **envoltorio** (página 9)
10 **pariente** (página 9)

☐ Charlas ante un público.
☐ Suaves y cortos.
☐ Ruido vago y continuado.
☐ Persona de la misma familia.
☐ Lente sobre la córnea para ver.
☐ Delgado y frágil.
☐ Acción de volver de un sitio.
☐ Baldosas para revestir paredes.
☐ Capa que cubre una cosa.
☐ Entrada, hueco de la puerta.

➜ **Señala los enunciados en los que la palabra resaltada se usa correctamente.**

☐ Del susto, estaban **tímidos** como un palo.

☐ En la casa de campo, se oía a lo lejos el **rumor** del agua del río.

☐ Ana lleva **lentillas** porque no le gustan las gafas.

☐ Todo el **envoltorio** escuchaba al ponente con la boca abierta.

➜ **Elige dos palabras del primer ejercicio de la que no conocías su significado o te parezca difícil. Escribe una oración con cada una.**

Palabra: ....

Oración: ....

Palabra: ....

Oración: ....

Encaja las piezas

Elige un grupo de palabras de cada columna para formar seis oraciones. Escríbelas debajo.

Tardó un par de	segundos en recordar	del baño y	en su casa.
No podía seguir	se abrió la puerta	aquel ruido infernal	de la ducha.
Antes de que Raquel	convencerle de que	adelantara un día	de la derecha.
Se sentó en	durmiendo con	del baño y	sigilosamente.
Me costó	pudiera responder,	la puerta negra	su regreso.
En ese momento	la cama y miró hacia	que no estaba	apareció Eva.

1 ....

2 ....

3 ....

4 ....

5 ....

6 ....

Palabras clave

Lee el texto y elige las dos palabras que consideres más importantes para resumirlo.

Aquello era un hotel, un hotel de Barcelona. Compartía la habitación con Eva, su hermana gemela. Ella era la que se estaba duchando, seguro...

Eva siempre se le adelantaba en todo: se levantaba antes, terminaba antes los deberes, se enteraba antes de todas las noticias y abría antes la nevera para elegir el yogur del postre. Incluso había nacido cinco minutos antes...

➔ **He elegido las palabras...**

.... : porque ....

.... : porque ....

¡Mucha atención!

Escribe las tres letras que se repiten en cada grupo.

A	F	U	R
G	N	H	T
R	I	A	L
M	U	O	N

L	I	M	D
B	G	J	W
M	Y	L	Q
P	S	E	S

B	Q	G	E
P	O	D	I
A	E	M	N
H	U	Q	P

....

F	G	T	B
P	W	H	S
B	O	G	K
R	I	U	P

O	X	S	U
E	D	C	Y
O	B	F	Q
R	U	Z	D

A	Q	O	G
P	F	Y	E
U	S	G	T
F	H	S	I

....

¿Qué sabes de la lectura en voz alta?

Marca V o F al lado de cada afirmación, según sea verdadera o falsa.

V F

- Antes de leer en voz alta es mejor preparar el texto en silencio.
- Cuando se lee para uno mismo se utiliza una lectura silenciosa.
- Cuando se lee para los demás se hace en voz baja.
- Para evitar los nervios, lo mejor es dar la espalda al público.
- La postura no importa. Conviene dar saltitos mientras se lee.
- Conviene preparar la lectura antes de hacerla en voz alta.
- Hay que mirar a los oyentes y captar su atención.
- El mensaje que pronuncias debe ser claro.
- Adelantarse al texto ayuda a hacer una buena lectura en voz alta.
- Hay que entrenar la velocidad, el volumen y la pronunciación.

Solo con los ojos

Lee las palabras de cada etiqueta de un solo golpe de vista.

El caso era que no podía seguir durmiendo con aquel

ruido infernal de la ducha. Frotándose los ojos, se sentó en

la cama y miró hacia la puerta negra de la derecha, que

comunicaba con la habitación de sus padres.

➤ **¿Adónde da la puerta negra de la derecha?**

Lee cada pareja de palabras varias veces fijando la vista en el punto.

ruido	●	murmullo	griterío	●	algarabía	vocerío	●	clamor
golpe	●	seco	silencio	●	chapoteo	tintineo	●	ruido
sonido	●	martilleo	ruido	●	carcajada	portazo	●	zumbido

➤ **¿Qué palabra se repite tres veces?**

Busca en las columnas del mismo color las palabras diferentes y subráyalas.

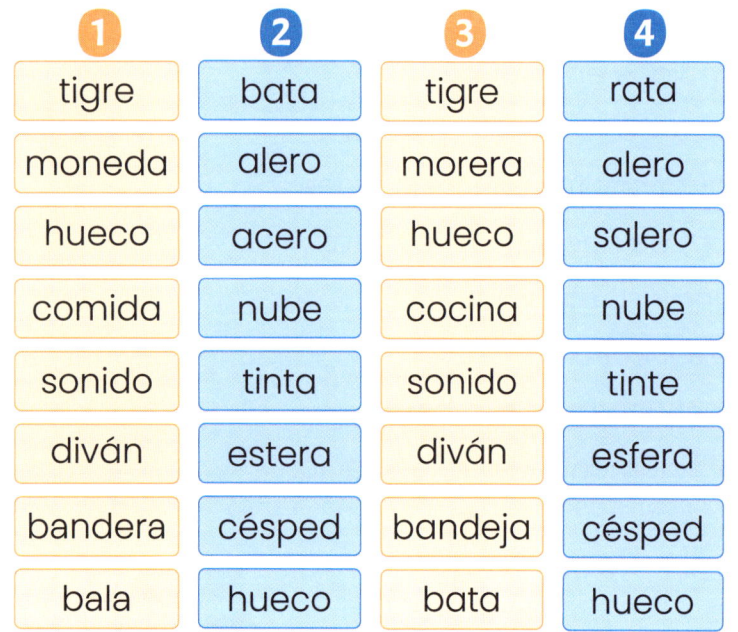

1	**2**	**3**	**4**
tigre	bata	tigre	rata
moneda	alero	morera	alero
hueco	acero	hueco	salero
comida	nube	cocina	nube
sonido	tinta	sonido	tinte
diván	estera	diván	esfera
bandera	césped	bandeja	césped
bala	hueco	bata	hueco

La reserva de un hotel

Lee con atención la información.

Hotel Costa Blanca ★★★☆☆

Hotel a diez minutos de la playa y a cinco del centro histórico de la ciudad, con piscina, gimnasio y buffet libre en el desayuno incluido.
Habitaciones con aire acondicionado, baño, wi-fi y caja fuerte.

Entrada: 12/08/2025	Salida: 14/08/2025	N.º de personas: 3

Tipo de habitación		
	Individual	60 €/día
	Doble	100 €/día
	Para 3 personas	120 €/día
	Para 4 personas	140 €/día

Incluir bufé libre de comida (10 €/por persona al día) ☐
Incluir bufé libre de comida y cena (15 €/por persona al día) ☐

TOTAL: 240 €   **RESERVAR**

→ **Indica si cada una de estas afirmaciones es verdadera (V) o falsa (F).**

	V	F
• La reserva del hotel es para dos personas.	☐	☐
• Se trata de un hotel de 5 estrellas.	☐	☐
• El hotel está a diez minutos de la playa.	☐	☐
• El hotel tiene aparcamiento para la gente que viaja en coche	☐	☐
• El bufé libre del desayuno está incluido.	☐	☐

→ **¿Para qué fechas es la reserva que han hecho del hotel?**

....

....

→ **¿Cuántos días han reservado el hotel? ¿Cuánto les hubiera costado si lo hubiesen reservado una semana entera?**

....

→ **¿Cuánto hubieran pagado por día si hubiesen contratado bufé libre en la comida?**

☐ 200 €   ☐ 210 €   ☐ 180 €   ☐ 150 €   ☐ 300 €

JUEGO 2

LEE EN SILENCIO

Puedes consultar el libro las veces que lo necesites

¡Empezamos!

Lee el **capítulo 2** y realiza las actividades.

→ **¿Quién envía el diario a las gemelas?**

a Verónica.

b Victoria.

c Valeria.

d Violeta.

→ **¿Qué parentesco tiene con Carmen?**

a Prima tercera o cuarta de su madre.

b Prima tercera de su padre.

c Prima cuarta de su madre.

d Tía abuela de su madre.

→ **El parentesco entre familias se remonta...**

a al siglo XVII.

b al siglo XIX.

c a comienzos del siglo XX.

d a mediados del siglo XX.

→ **¿En qué fecha concluye el diario?**

a El 12 de enero de 1810.

b El 19 de marzo de 1812.

c El 19 de enero de 1812.

d El 19 de mayo de 1812.

→ **¿Qué documento se aprobó ese día?**

a El Estatuto.

b La Constitución.

c La Ley de Igualdad.

d La Carta Magna.

→ **¿Cómo se le llama a ese documento?**

a La Pera.

b La Pepa.

c La Sara.

d La Tina.

→ **¿En qué provincia se aprobó ese documento?**

→ **Si sabes que el cumpleaños de Eva y Raquel es doscientos años después de la aprobación de ese documento, ¿en qué año transcurre la novela?**

→ **Escribe qué más sabes de ese documento y coméntalo con la clase.**

Juega con las palabras

Busca cada palabra en la página indicada del libro. Lee el párrafo en el que está para deducir su significado.

➡ **Escribe la palabra junto al significado correcto.**

1 **intrigado** (página 14)

2 **carraspeos** (página 14)

3 **herencia** (página 15)

4 **museo** (página 15)

5 **antiguo** (página 15)

6 **excitada** (página 16)

7 **impaciencia** (página 18)

8 **bicentenario** (página 19)

☐ Toses repetidas para aclararse la voz.

☐ Que cumple doscientos años.

☐ Bienes legados por un difunto.

☐ Lugar donde exponen objetos valiosos.

☐ Que existe desde hace mucho tiempo.

☐ Que siente mucha curiosidad.

☐ Que está nerviosa y agitada.

☐ Intranquilidad producida por algo.

Texto numerado

Lee este texto numerado.

1 Hasta hace poco tiempo yo
2 no sabía nada de
3 vuestra existencia, y
4 vosotras seguramente tampoco
5 habréis oído hablar de mí
6 Pero vosotras y yo
7 estamos emparentadas. Por
8 herencia, me correspondió
9 una casa que es como
10 un museo lleno de objetos
11 valiosos. Muchos de esos
12 objetos tienen una historia

13 interesante que merece ser
14 recordada. Como yo ya
15 soy muy vieja y estoy
16 enferma, he pensado en ir
17 repartiéndolos para que no se
18 pierdan todos esos recuerdos.
19 El objeto que os ha tocado
20 a vosotras es muy especial.
21 Perteneció a una chica llena
22 de sueños que tuvo que
23 enfrentarse a situaciones muy
24 difíciles al comienzo de su vida.

➡ **Escribe en qué línea aparecen las siguientes palabras.**

herencia: _____ historia: _____ enferma: _____ recuerdos: _____ sueños: _____

Verdadero o falso

Vuelve a leer el texto de la página anterior.

➡ **Indica si las siguientes afirmaciones son verdaderas (V) o falsas (F).**

	V	F
Victoria no sabía nada de las gemelas hasta hace poco.	☐	☐
Las gemelas conocían a Victoria de antes.	☐	☐
Victoria compró la casa que está llena de recuerdos.	☐	☐
La casa de Victoria es como un museo.	☐	☐
Victoria está enviando objetos porque es mayor y está enferma.	☐	☐
La dueña del objeto enviado era una chica llena de sueños.	☐	☐

Sigue las pistas

Lee las pistas y escribe el nombre de la dueña de cada cuaderno.

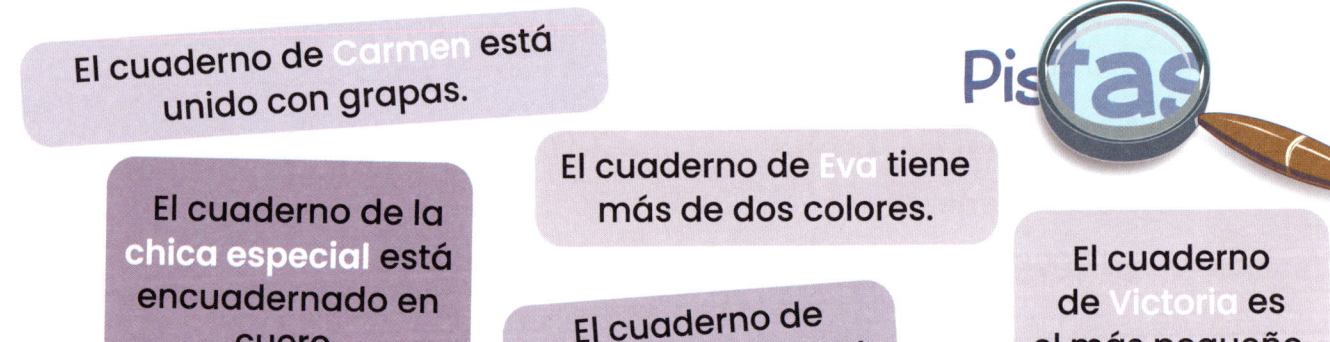

El cuaderno de Carmen está unido con grapas.

El cuaderno de la chica especial está encuadernado en cuero.

El cuaderno de Eva tiene más de dos colores.

El cuaderno de Raquel es de espiral.

Pistas

El cuaderno de Victoria es el más pequeño.

1   2   3   4   5

Al revés

Las palabras de la columna A están escritas a la inversa en la columna B.
Relaciónalas escribiendo la letra correspondiente en cada caso.

A		**B**	
A	cuaderno		odreucer
B	herencia		royam
C	objeto	A	onredauc
D	mayor		aicnereh
E	sueños		otejbo
F	hotel		ahcud
G	ducha		soñeus
H	recuerdo		letoh

A		**B**
A	historia	airotsih
B	museo	amirp
C	especial	oesum
D	diario	etneirap
E	pariente	asoicerp
F	prima	salemeg
G	gemelas	laicepse
H	preciosa	oiraid

¿Cómo pronuncias?

Practica con estos trabalenguas para mejorar tu pronunciación.

Prepáralo en silencio antes de leer en voz alta.

El rey de Constantinopla está constantinoplizado,
consta que Constanza no lo pudo desconstantinoplizar,
el desconstantinoplizador que desconstantinoplizare al rey de Constantinopla,
buen desconstantinoplizador será.

Si tu gusto gustara del gusto que gusta mi gusto, mi gusto gustaría del gusto que gusta tu gusto. Pero como tu gusto no gusta del gusto que gusta mi gusto, mi gusto no gusta del gusto que gusta tu gusto.

Autoevaluación

¿Pronuncias correctamente el texto para que te entiendan con claridad?

Valóralo del 1 al 10

1 2 3 4 5 6 7 8 9 10

Solo con los ojos

Lee el texto saltando de la columna izquierda a la derecha.

Dos mochilas diferentes, Eva y una falda larga lo mejor de todo, una para cada una... dos gemelas esperaba Raquel se quedó sin lo que pudo hacer abrazo a su padre. Eva, se quedaba sin empezó a hablar	unos pantalones para para Raquel, y tableta electrónica Ninguna de las aquel último regalo. palabras, y todo fue darle un gran por supuesto, nunca palabras, así que como una cotorra.

➜ **¿Cómo reacciona Raquel ante los regalos?**

....

Lee las palabras varias veces fijando la vista en el punto.

historia	●	recuerdo		cobra	●	serpiente		flores	●	silueta
cuaderno	●	hoja		semanal	●	diario		domingo	●	diario
diario	●	periódico		árbol	●	hojarasca		maleta	●	cajones

➜ **¿Qué palabra se repite tres veces?** ....

Escribe las palabras que se repiten en cada columna y cuántas veces lo hacen.

A
- brújula
- estatua
- timbre
- colores
- liebre
- olores
- húmedo
- liebre
- huevo
- olores
- timbre

B
- comedor
- entero
- casual
- exótico
- cuadrado
- entero
- casual
- entero
- esfinge
- comedor
- triángulo

C
- suerte
- ladrón
- libro
- tortilla
- suerte
- hombro
- libro
- ladrón
- cometa
- libro
- suerte

A

B

C

Funciones de una tableta electrónica

Lee las funciones de una tableta electrónica y realiza las actividades.

Aplicaciones para la lectura de documentos y libros.

Memoria de almacenamiento de documentos.

Entrada para auriculares.

Posibilidad de conectar un teclado físico.

Cámara para hacer videollamadas, fotos y vídeos.

Conexión wifi para navegar por internet.

Aplicaciones para editar imágenes. Si no vienen de serie, se pueden descargar.

Teclado virtual.

Las tabletas táctiles permiten escribir a mano con un lápiz digital.

→ **Indica si las siguientes afirmaciones son verdaderas (V) o falsas (F).**

	V	F
• En las tabletas electrónicas no se puede escribir a mano.	☐	☐
• No todas las tabletas tienen programas de edición de imágenes.	☐	☐
• Las tabletas suelen tener una cámara.	☐	☐
• Algunas tabletas están adaptadas para poner un teclado físico.	☐	☐
• En una tableta podrías escribir una novela.	☐	☐
• En las tabletas no se pueden guardar archivos de ningún tipo.	☐	☐

→ **Marca qué cosas se pueden hacer en una tableta electrónica.**

☐ Dibujar   ☐ Hacer ejercicio   ☐ Leer

☐ Estudiar   ☐ Escuchar música   ☐ Cocinar

→ **¿Para qué usarías tú una tableta electrónica? Coméntalo después con toda la clase.**

....

....

JUEGO 3

LEE EN SILENCIO

Puedes consultar el libro las veces que lo necesites

¡Empezamos!

Lee los **capítulos 3** y **4.** Realiza las actividades.

→ **¿Cómo se llama el padre de Eva y Raquel?**

a Luis.

b José.

c Juan.

→ **¿Qué propone hacer el padre tras leer el diario?**

a Tomar un refresco.

b Resolver un acertijo.

c Ir a la playa.

→ **¿Quién se queja de la propuesta del padre?**

a Carmen.

b Eva.

c Raquel.

→ **¿De qué año es la entrada que leen del diario?**

a De 1810.

b De 1808.

c De 1812.

→ **¿Cuántos años cumple Cristina el 23 de enero?**

a Dieciséis.

b Diecisiete.

c Dieciocho.

→ **¿Cuántos hermanos tiene Cristina?**

a Dos, un chico y una chica.

b Tres, dos chicos y una chica.

c Tres, dos chicas y un chico.

→ **¿Cómo se llama la hermana de Cristina?**

a Luisa.

b Andrea.

c Clara.

→ **¿Qué ciudad abandonan?**

a Cádiz.

b Málaga.

c Sevilla.

→ **¿Por qué motivo se mudan Cristina y su familia?**

a Porque se han arruinado.

b Porque los han exiliado.

c Porque están en guerra.

→ **¿Qué le ha pasado al padre de Cristina?**

a Tiene neumonía.

b Se ha quedado manco.

c Tiene una pierna herida.

→ **¿Qué son las mulas de refresco?**

a Un refresco de la época.

b Mulas que se alquilan.

c Una especie de mula blanca.

→ **¿Dónde van a buscar información sobre el diario?**

a A la casa de su abuelo.

b Al hotel en que se alojan.

c A la biblioteca municipal.

Juega con las palabras

Busca cada palabra en la página indicada del libro. Lee el párrafo en el que está para deducir su significado.

➔ **Marca la definición correcta.**

- **radiante** (página 20)

  ☐ Alegre, feliz.

  ☐ Atiborrada, empachada.

  ☐ Iluminada por el sol.

- **resignación** (página 22)

  ☐ Resistencia ante los sucesos trágicos.

  ☐ Aceptación de todo lo que ocurre.

  ☐ Encogimiento de hombros.

- **colleras** (página 23)

  ☐ Correa al cuello de los caballos.

  ☐ Ruedas grandes de madera.

  ☐ Carrozas de algunos transportes.

- **muselina** (página 24)

  ☐ Collar de perlas auténticas.

  ☐ Estampado con flores doradas.

  ☐ Tela fina de algodón, seda o lana.

- **posada** (página 24)

  ☐ Asiento de los carruajes.

  ☐ Lugar para pasar la noche.

  ☐ Cruce de caminos.

- **postas** (página 26)

  ☐ Palos que sostienen la línea eléctrica.

  ☐ Caballerías para el descanso de los caballos.

  ☐ Carretas para recoger la cosecha.

- **parqué** (página 28)

  ☐ Espacio de recreo con vegetación.

  ☐ Acción y efecto de aparcar.

  ☐ Suelo hecho con maderas finas.

- **desahogarse** (página 30)

  ☐ Respirar muy profundamente.

  ☐ Aliviar un estado de ánimo.

  ☐ Hacer el boca a boca a alguien.

➔ **Señala las dos oraciones en las que la palabra resaltada se utiliza correctamente.**

☐ Es más seguro no tocar nunca las **postas** de la luz de la calle.

☐ La blusa de **muselina** te sienta realmente bien.

☐ Los niños jugaban en el **parqué** al aire libre, bajo los árboles.

☐ Juan siempre cuenta sus problemas para **desahogarse.**

En resumen

Señala el resumen que sea más apropiado para este texto.

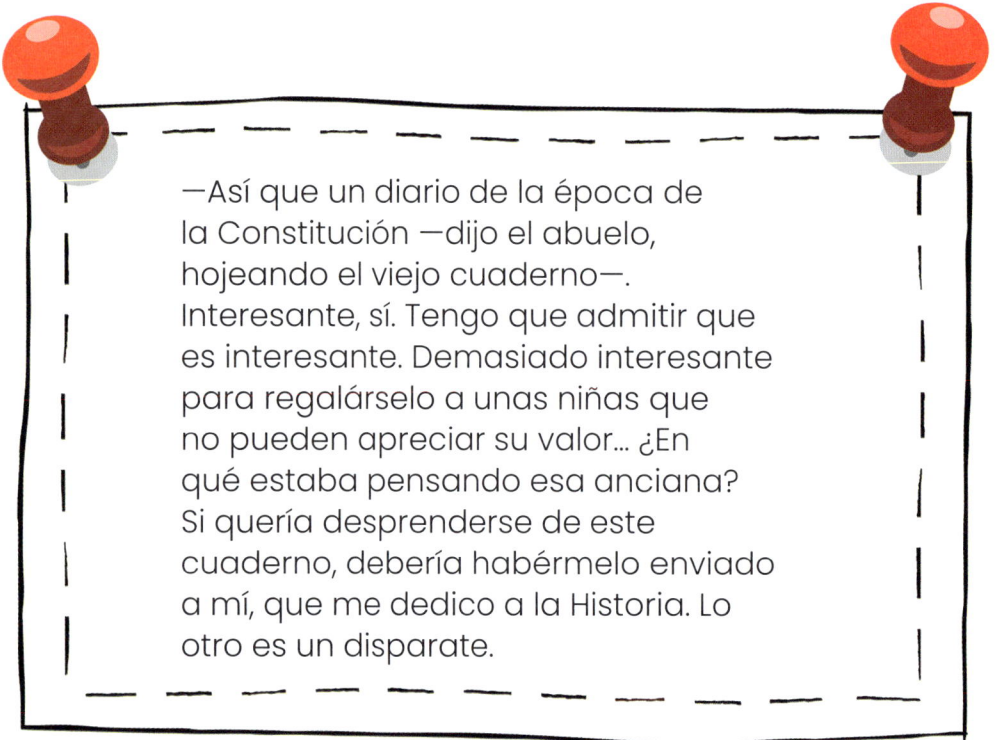

—Así que un diario de la época de la Constitución —dijo el abuelo, hojeando el viejo cuaderno—. Interesante, sí. Tengo que admitir que es interesante. Demasiado interesante para regalárselo a unas niñas que no pueden apreciar su valor... ¿En qué estaba pensando esa anciana? Si quería desprenderse de este cuaderno, debería habérmelo enviado a mí, que me dedico a la Historia. Lo otro es un disparate.

El abuelo se interesa por el diario porque es de la época de la Constitución y él es historiador.

El abuelo se ofende porque le hayan dado a sus nietas y no a él, que es historiador, el diario de la época de la primera Constitución.

El abuelo hojea con mucho interés el cuaderno y se queja de que Victoria se lo haya regalado a sus nietas.

Encaja las piezas

Ordena las palabras para formar oraciones y escríbelas debajo.

- del museo parecía abuelo La casi un biblioteca

....

- se en había Quizá fijado ellos no bien

....

- juguetes históricos son no Los documentos

....

- que vuelva par de hasta papá un Tenemos horas

....

¡Mucha atención!

Escribe cuántas veces se repiten las letras o números indicados en cada recuadro.

d	q	b	j	t	n
o	z	u	d	e	p
y	e	l	u	i	f
q	n	h	x	c	e
w	e	q	a	h	s
u	r	e	g	u	k

0	3	6	8	7	0
8	1	5	9	5	2
9	7	2	3	8	4
5	0	4	1	2	9
6	3	5	6	0	8
3	4	2	9	7	3

1	7	R	H	A	3
T	Z	P	N	8	C
4	N	5	2	U	O
J	K	4	D	M	9
Q	2	Y	I	6	E
0	S	8	L	N	T

e ....   n ....   4 ....   1 ....   N ....   T ....

u ....   q ....   9 ....   6 ....   2 ....   8 ....

¿Usas el volumen adecuado?

Lee cada línea del texto con la intensidad indicada.

alarido	Un rayo de sol atravesaba en diagonal las tablas del parqué
normal	y bañaba en su agradable luz dorada una parte de la estantería
susurro	que cubría la pared derecha de la biblioteca. Libros rojos,
grito	negros, marrones, verdes, con inscripciones doradas en el lomo
normal	y finas cintas de raso metidas entre sus páginas...
alarido	La biblioteca del abuelo casi parecía un museo.
normal	No había solo libros modernos, como los que se ven
grito	normalmente en las librerías, sino también otros
susurro	mucho más antiguos, encuadernados
grito	en cuero, como el diario de Cristina.

Autoevaluación

¿Has usado la **intensidad** y **volumen** adecuados para leer el texto?

Valóralo del 1 al 10

1 2 3 4 5 6 7 8 9 10

Solo con los ojos

Lee las palabras de cada etiqueta de un solo golpe de vista.

Carmen sacó de la estantería un volumen titulado

«Historia de la Guerra de la Independencia» y otro sobre las

Cortes de Cádiz. Al ver la expresión un poco confusa

de sus hijas, suspiró y luego extrajo de su bolso una de

las tabletas que les había regalado.

➜ **¿Qué sacó Carmen de la estantería?**

....

Lee cada pareja de palabras fijando la vista en el punto.

siglo	●	centuria		francés	●	polaina		cielo	●	tierra
carga	●	mula		caballo	●	mula		barco	●	autobús
guerra	●	batalla		arena	●	mar		alforja	●	mula

➜ **¿Qué palabra se repite tres veces?** ....

Busca las palabras que no se repiten y escríbelas.

bañador	mula	timbre	toalla	sol	sombrilla
acuario	tiempo	aguja	asiento	tableta	bañador
sol	asiento	mesa	sombrilla	tiempo	acuario
tableta	mesa	mula			

nube	tierra	lluvia	pala	libro	paraguas
rayo	rana	lago	jersey	lago	paraguas
rana	lluvia	pala	cubo	tierra	rana
cubo	jersey	libro			

Pasos para ordenar tu biblioteca

Lee este texto y realiza las actividades.

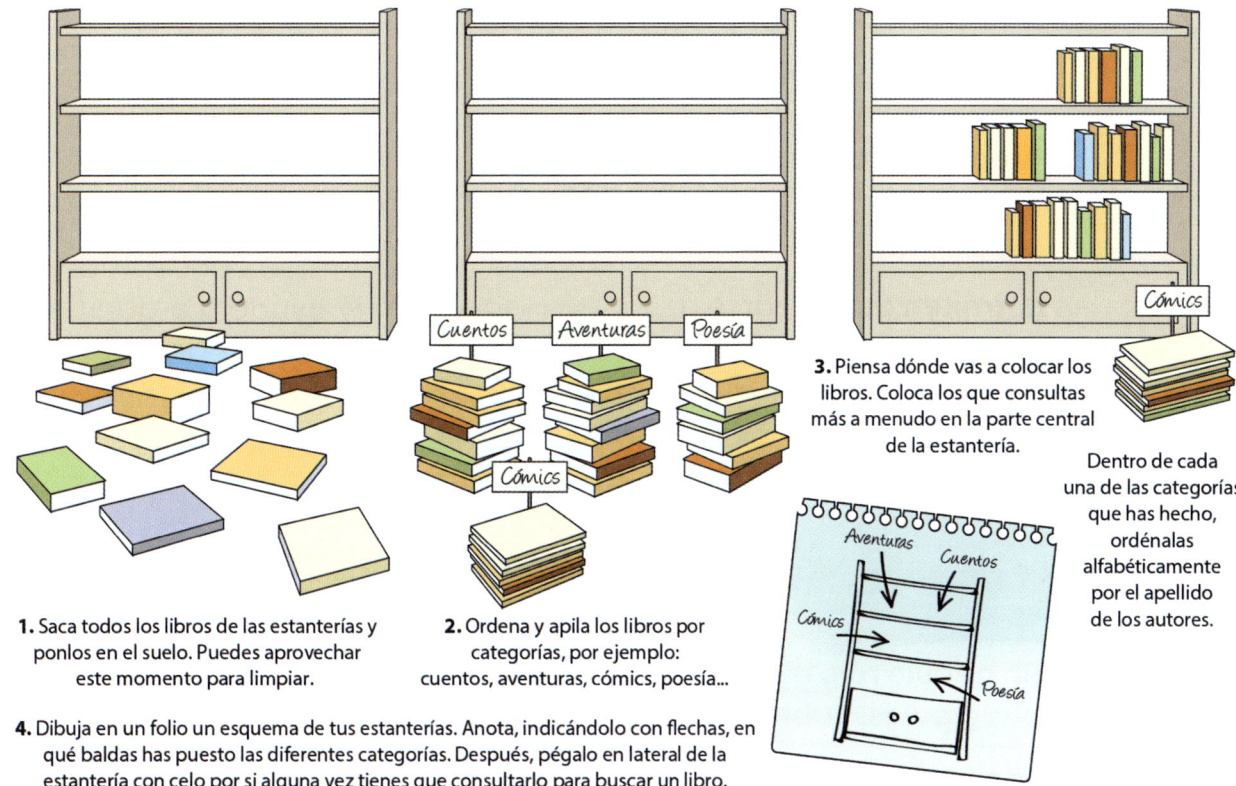

1. Saca todos los libros de las estanterías y ponlos en el suelo. Puedes aprovechar este momento para limpiar.

2. Ordena y apila los libros por categorías, por ejemplo: cuentos, aventuras, cómics, poesía...

3. Piensa dónde vas a colocar los libros. Coloca los que consultas más a menudo en la parte central de la estantería.

Dentro de cada una de las categorías que has hecho, ordénalas alfabéticamente por el apellido de los autores.

4. Dibuja en un folio un esquema de tus estanterías. Anota, indicándolo con flechas, en qué baldas has puesto las diferentes categorías. Después, pégalo en lateral de la estantería con celo por si alguna vez tienes que consultarlo para buscar un libro.

➡ **Indica si las siguientes afirmaciones son verdaderas (V) o falsas (F).**

V F

- Al final debes limpiar tanto las estanterías como los libros. ☐ ☐
- Conviene ordenar alfabéticamente los libros de una misma materia. ☐ ☐
- Deben sacarse todos los libros de los estantes y ordenarlos en el suelo. ☐ ☐
- Los libros que usas más deben de ir en las baldas de arriba. ☐ ☐
- En una tableta podrías escribir una novela. ☐ ☐
- Conviene hacer un esquema al final de cómo has ordenado los libros. ☐ ☐

➡ **Ordena los siguientes libros de la sección _Literatura juvenil_:**

☐ _Harry Potter_, de **J. K. Rowling.**

☐ _Las crónicas de Narnia_, de **C. S. Lewis.**

☐ _Matilda_, de **Roald Dahl.**

☐ _La historia interminable_, de **Michael Ende.**

➡ **¿Qué libros de los que tienes colocarías en la parte central de las estanterías?**

....

....

Organiza las ideas

Fíjate en las palabras de este texto y dónde se colocan en el gráfico:

Los medios de transporte permiten desplazarse a corta distancia y larga distancia.

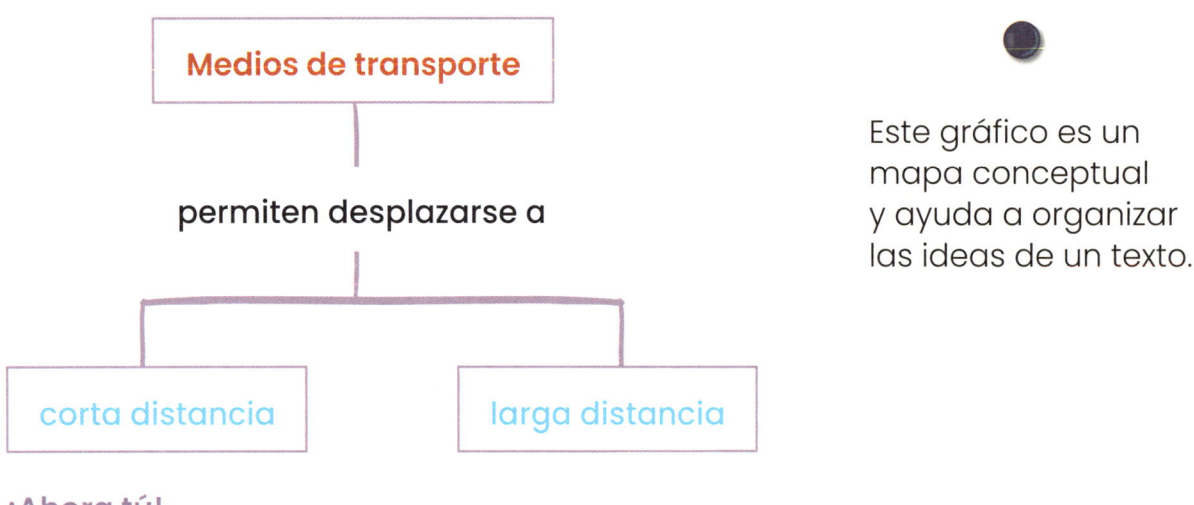

Este gráfico es un mapa conceptual y ayuda a organizar las ideas de un texto.

¡Ahora tú!

➜ Rodea con un círculo rojo el concepto central y con círculos azules los conceptos principales. Subraya las palabras de enlace.

Son medios de transporte de corta distancia la bicicleta y el patinete eléctrico.

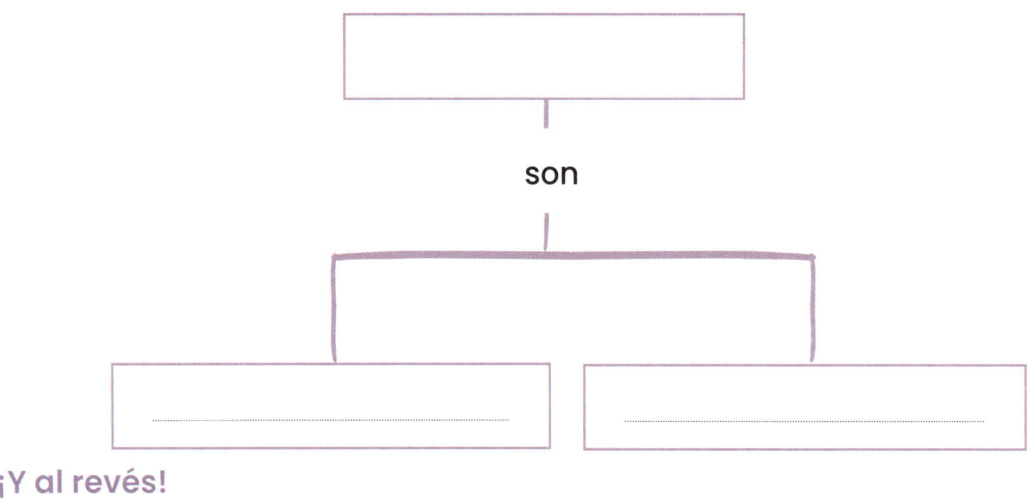

¡Y al revés!

➜ Escribe el texto que se corresponde con el gráfico.

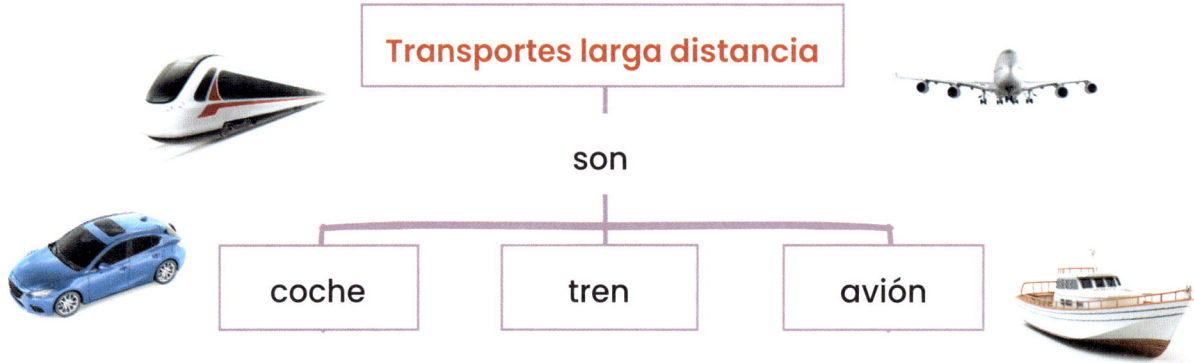

El texto está en las páginas 33 a 35 del libro.

Tres horas más tarde...

Presta mucha atención al texto que vas a escuchar.

➜ **¿A quién nombró Napoleón rey de España?**

a A su hermano.

b A su padre.

c A su hijo.

➜ **¿Qué hizo Carlos IV, el rey de España en la época de Cristina?**

a Dejó el trono a su hijo, Fernando VII.

b Huyó del país con su hijo.

c Pidió a Napoleón que reinara él.

➜ **¿Cómo llamaban los españoles a José Bonaparte?**

a Pepe el Bueno.

b Pepe Botella.

c Pepe Ballena.

➜ **¿Quién era Cristina Ojeda?**

a La abuela de la abuela paterna del abuelo.

b La tía de la abuela paterna del abuelo.

c La abuela de la abuela paterna de la madre.

➜ **Marca con una cruz las dos afirmaciones que son verdaderas.**

☐ Napoleón pasó por España porque iba a aliarse con Portugal.

☐ En 1810 los ingleses estaban a punto de tomar Sevilla.

☐ Los españoles adoraban a José Bonaparte.

☐ Francia también estaba en guerra con los ingleses.

☐ Los españoles ganaron todas las batallas.

☐ Los ingleses se aliaron con los españoles contra los franceses.

➜ **¿Quién ayuda a Eva y a Raquel a investigar sobre la época del diario?**

....

➜ **Pregunta a tus padres cómo era la vida de tus abuelos y de los padres de tus abuelos. Compártelo con toda la clase.**

....

....

....

....

LEE EN SILENCIO

Puedes consultar el libro las veces que lo necesites

¡Empezamos!

Lee el **capítulo 5** y realiza las actividades.

→ **¿Cómo propone Eva leer el diario de Cristina?**

a Desde el principio.

b Al azar.

c Desde el final.

d No quiere leerlo.

→ **Después de lo último que leyeron han pasado...**

a un día y medio.

b una semana y media.

c un mes y medio.

d varios años.

→ **A Cristina la nueva casa...**

a cada día le gusta menos.

b cada día le gusta más.

c le deja indiferente.

d le parece asombrosa.

→ **Pedro estudia para ser...**

a cartógrafo.

b cochero.

c navegante.

d curtidor.

→ **¿Qué aspecto tiene Pedro? Señala dos opciones.**

☐ Es más alto que Alfonso. ☐ Tiene el pelo largo. ☐ Es rubio.

☐ Tiene la cara alargada. ☐ Tiene ojos azules. ☐ Es delgado.

→ **Indica si cada una de estas afirmaciones es verdadera (V) o falsa (F):** **V** **F**

- Pedro se lleva muy bien con Alfonso. ☐ ☐
- La familia de Cristina había alquilado toda la casa. ☐ ☐
- En la época de Cristina las mujeres no votaban. ☐ ☐
- En la época de Cristina había mujeres periodistas. ☐ ☐
- Tardaron dos años en elaborar la Constitución de 1812. ☐ ☐

→ **¿Qué es una Constitución?**

....

....

....

....

Juega con las palabras

Busca cada palabra en la página indicada del libro. Lee el párrafo en el que está para deducir su significado.

→ **Escribe el número de cada palabra junto a su significado.**

1 **gótico** (página 36)

2 **destino** (página 38)

3 **murmuraciones** (página 39)

4 **alberca** (página 40)

5 **naviero** (página 40)

6 **prometido** (página 41)

7 **conmovido** (página 42)

8 **ilusiones** (página 42)

9 **diputados** (página 44)

10 **democrática** (página 44)

☐ Sucesos que condicionan la vida de los humanos.

☐ Anhelos por alcanzar algo que se quiere.

☐ Comentarios que se dicen por lo bajo.

☐ Votada por el pueblo.

☐ Representantes del pueblo en las Cortes.

☐ Pila con agua en algunos patios.

☐ Arte propio de los siglos XII al XIV.

☐ Persona comprometida con otra en matrimonio.

☐ Que siente ternura hacia algo o alguien.

☐ Persona que suministra los barcos.

¡Mucha atención!

Busca las palabras de la libreta en la sopa de letras. Pueden leerse del derecho o del revés.

D	T	S	A	L	L	A	T	A	B
A	G	I	E	N	E	E	U	N	A
D	A	U	L	B	Y	E	R	M	C
U	C	A	E	M	E	N	U	U	O
I	O	Y	A	R	S	É	A	J	R
C	I	G	R	A	R	C	R	E	T
D	T	A	B	L	E	A	A	R	E
N	A	V	Í	O	Y	M	M	A	S
G	P	E	R	A	N	L	Á	Z	I
O	A	I	M	E	D	A	C	A	S

guerra
batallas
navío
almacén
patio
academia

azar
leyes
cámara
cortes
ciudad
mujer

→ **Con las letras que sobran, forma la respuesta a esta pregunta:**

¿Cómo es el patio de la casa de Cádiz?

....

....

....

A ver si recuerdas

Vuelve a leer la nota del ejercicio anterior y tacha las diez palabras que no se encontraban en la sopa de letras.

taller · vela · guerra · batallas · patio

azar · rey · diputado · mujer · soldado

leyes · cámara · navío · congresista · decreto

destino · azulejo · almacén · fuente · ciudad

¿Cómo lees?

Prepara la lectura en silencio. Luego lee en voz alta.

➡ Debes leer muy rápido las palabras en negrita y muy despacio, las subrayadas.

Pedro es alto, <u>más alto que Alfonso</u>. Tiene el pelo castaño **y unos ojos azules** que llaman la atención. <u>Cuando nos encontramos</u>, intento **no mirarle a los ojos,** para que no se crea **que soy una descarada.** Pero nunca lo consigo: ¡es que son <u>tan claros, y tan limpios!</u>

Aunque no hablamos mucho, **siempre que nos encontramos** me dedica <u>una sonrisa</u>. Una sonrisa <u>cálida,</u> cuando nadie está <u>prestando atención</u>. Yo **no sé qué hacer** cuando me sonríe así, aparte de **ponerme roja** como una manzana. No <u>sé qué pensará de mí...</u> No he oído que esté prometido con <u>ninguna chica de la ciudad.</u> Pero **quién sabe,** a lo mejor tiene novia y yo **no me he enterado.**

Autoevaluación

¿Tu **velocidad** es la adecuada para que tu mensaje llegue con claridad a todos los que escuchan?

Valóralo del 1 al 10

1 2 3 4 5 6 7 8 9 10

¡Mucha atención!

Busca en este cuadro, lo más rápido que puedas, la solución a las preguntas que tienes debajo.

→ ¿Qué vocal falta? ....

→ ¿Qué números se repiten tres veces? ....

→ ¿Qué letra se repite cuatro veces? ....

→ ¿Qué número no se repite? ....

→ ¿Qué vocal solo aparece una vez? ....

En clave

Lee el texto y subraya las dos palabras que consideres más importantes para resumirlo.

Por regla general, la romántica de la familia era ella, y no Eva. A Eva le aburrían las historias de amor. Prefería las de aventuras, o las de risa. Sin embargo, estaba claro que el relato de su antepasada Cristina la había conmovido. Y también a sus padres, que se miraban con una chispa de complicidad en los ojos.

→ Sin fijarte en el texto y usando las palabras que has subrayado, escribe un resumen de dos líneas.

....

....

Solo con los ojos

Lee las palabras de cada etiqueta de un solo golpe de vista.

Decidida a | que todo el mundo | notase su enfado, | cerró los ojos y

echó la cabeza para | atrás, como si se | dispusiese a dormir.

Ni una | sola muesta de | interés... La atención | de sus padres se

concentraba totalmente | en el diario.

➡ **¿Cómo intenta Raquel mostrar su enfado?**

Lee varias veces cada pareja de palabras fijando la vista en el punto.

novia	●	teatro		paseo	●	espejos		oficina	●	pantalla
enfado	●	salón		barrio	●	ceño		anuncio	●	academia
prometido	●	folletos		zapato	●	teatro		teatro	●	pelo

➡ **¿Qué palabra se repite tres veces?** _____

Escribe cuántas veces se repiten las palabras en cada columna.

cinta	pinta, bata, manta, cinta, pinta, nata, pana, pinta, pata, risa, pinta, pena, cinta, pinta, nata, pana, cinta, linda, risa, pinta, pena, peto, pelo, pinta, linda, piñata, cuenta, pinta, renta.	☐
bulo	bola, bulo, boda, bola, burla, boga, bola, beta, boca, bala, bola, bono, boda, bola, bola, bala, bono, boga, bota, bola, bulo, boca, bolo, beta, bota, boca, bolo, burla, bala, bono.	☐
rica	risa, rica, rifa, risa, brisa, rosa, lisa, rica, risa, risa, rasa, risa, rosa, risa, rica, rifa, risa, rima, misa, rica, sisa, risa, rima, prisa, prosa, roca, rosa, risa, rica, rota.	☐

Una casa andaluza

Lee con atención esta infografía y realiza las actividades.

El patio central es el corazón de la casa y da acceso a las demás estancias.

La casa tiene un tejado de tejas rojas a dos aguas (hace que caiga el agua a ambos lados).

En la primera planta suelen estar la cocina y el salón; arriba están los dormitorios.

Las ventanas de las habitaciones dan al exterior o al patio interior, por lo que suelen ser muy luminosas.

Los vecinos ponen sillas en el patio para tomar el fresco.

No suele haber más de tres plantas de altura.

Los patios están llenos de plantas y flores de vivos colores, que refrescan y alegran el lugar (geranios, rosales, begonias...).

Por la influencia árabe, los patios tienen una fuente en el centro para refrescar el ambiente.

→ **Indica si las siguientes afirmaciones son verdaderas (V) o falsas (F).**

	V	F
• Las estancias cerca de la puerta de entrada son el corazón de la casa.	☐	☐
• El tejado de la casa suele ser de tejas rojas y a dos aguas.	☐	☐
• Las estancias suelen ser bastante oscuras por las ventanas pequeñas.	☐	☐
• Los dormitorios suelen estar en las plantas de arriba.	☐	☐
• Las casas no suelen tener más de tres plantas.	☐	☐

→ **¿Qué cosas suelen tener los patios de las casas andaluzas?**

☐ Barbacoa   ☐ Una fuente   ☐ Sillas

☐ Columpios   ☐ Matorrales   ☐ Geranios

→ **¿Para qué sirven las plantas?**

....

....

....

¡Empezamos!

Lee el **capítulo 6** y realiza las actividades.

→ **¿Qué hace Raquel por la noche?**

a Toma el diario a escondidas.

b Pide el diario a sus padres.

c Llama a Eva para leer el diario.

d Despierta a todos para leer el diario.

→ **¿Qué busca Raquel en el diario?**

a Cuándo empieza la guerra.

b El nombre de Pedro.

c El nombre de Alfonso.

d Cuándo acaba la guerra.

→ **La madre de Cristina está de luto por...**

a los caídos en la guerra.

b la muerte de un vecino.

c la muerte de su hermano.

d la muerte de su primo.

→ **Pedro y su madre han salido a la calle para...**

a comprar dulces.

b recoger unas partituras.

c dar un paseo.

d comprar tela.

→ **¿Adónde van Pedro, Cristina y sus madres?**

a A la confitería.

b A la tienda de música.

c A la mercería.

d A las fiestas.

→ **¿Cuál es la pasión de Pedro?**

a El comercio.

b Conocer mundo.

c Estudiar rarezas.

d Navegar por el mar.

→ **¿Qué valiosa información saca Cristina de su conversación con Pedro?**

_____

→ **¿Qué se esperaba de las mujeres en la época cuando se casaban? Escribe tu opinión.**

_____

→ **El jueves habrá...**

☐ Fuegos líricos populares.   ☐ Teatrillo de marionetas.   ☐ Danzas.

☐ Función de sombras.   ☐ Un concierto.   ☐ Baile.

Juega con las palabras

Busca cada palabra en la página indicada del libro. Lee el párrafo en el que está para deducir su significado.

➡️ **Señala el significado correcto de cada palabra.**

1 asedio (página 46)
- [ ] Acción de rodear un lugar fortificado.
- [ ] Provocar sed cortando el suministro de agua.
- [ ] Acción de acosar e insultar a alguien.

2 sitiada (página 46)
- [ ] Bien establecida en un sitio.
- [ ] Llena de asientos.
- [ ] Acorralada, sin salidas.

3 delito (página 47)
- [ ] Pecado capital.
- [ ] Acción benéfica.
- [ ] Acción castigada por las leyes.

4 varas (página 49)
- [ ] Telas de las embarcaciones.
- [ ] Trozos de tela de más de medio metro.
- [ ] Bastones que usaban los ministros.

5 partituras (página 49)
- [ ] Cuerdas de piano.
- [ ] Textos de composiciones musicales.
- [ ] Pedales de algunos instrumentos musicales.

6 apoplejía (página 49)
- [ ] Colapso por problemas cardiovasculares.
- [ ] Parálisis de algunas partes del cuerpo.
- [ ] Enfermedad vírica que daña en la piel.

➡️ **Completa las oraciones con palabras de la actividad anterior.**

- Sabía tocar la melodía de lo que escuchaba sin leer las _____ .

- El _____ de pueblos y ciudades es algo propio de las guerras.

- Decir mentirijillas no es ningún _____ .

- Después de sufrir una _____ ha estado varios días ingresado en el hospital.

Palabra intrusa

Tacha la palabra que no corresponde al sentido de las oraciones.

Desde la otra cama le **llegaban • llegaba** la respiración lenta
y **• o** acompasada de Eva, que estaba profundamente **dormida
• dormidas**. Su hermana **tuvo • tenía** el sueño **tan • sin** pesado,
que hacía falta un **terremotos • terremoto** para **despertarlos •
despertarla**… Así que **encendió • encendieron** la luz de su mesilla de
noche, convencida **por • de** que Eva no se enteraría. Luego, cruzó
descalza **las • la** habitación y abrió **la • el** armario.

Sigue las pistas

Lee las pistas para averiguar cuál es el pastel de yema.

Tiene formas redondeadas.

Es de color crema.

Tiene un papel en la base

No lleva guinda.

Lleva azúcar espolvoreada.

➡ **El pastel de yema es el que lleva la letra:** _____ .

¡Mucha atención!

Escribe cuántas veces se repite cada vela. Utiliza solo los ojos para contar.

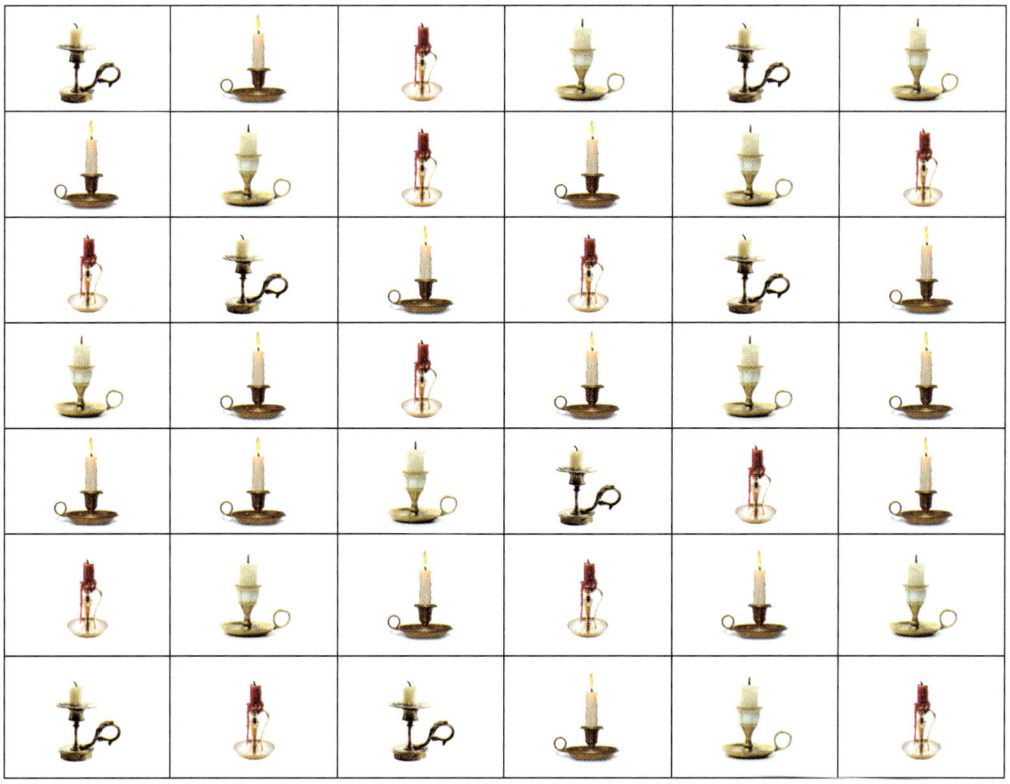

¿Te adelantas al texto?

Lee este texto en voz alta sustituyendo los números por las palabras correspondientes.

1 cohibido **3** ciudad **5** encantador **7** confitería **9** noticias

2 sentidos **4** madre **6** garrapiñadas **8** yemas **10** dulce

Pedro convenció a su **(4)** para acompañarnos a la **(7)**. ¡Qué tarde más **(10)**, en todos los **(2)**! No solo por las **(8)**, los bizcochos y las **(6)** que nos tomamos en la confitería, sino por la compañía... Pedro estuvo **(5)**. No parecía nada **(1)** por la presencia de mi madre... ni de la suya. Las dos se pusieron a hablar enseguida de las malas **(9)** de la guerra, de la caída de la **(3)** de Lérida y de cómo los franceses no hacen más que ganar y ganar terreno...

Autoevaluación

¿Te **adelantas** al texto antes de pronunciarlo?

Valóralo del 1 al 10

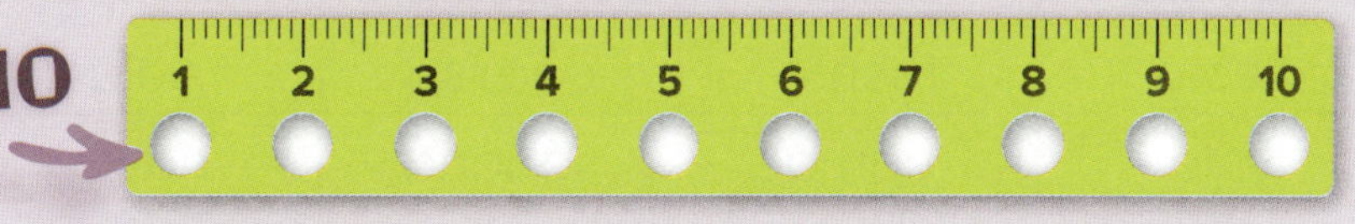

1 2 3 4 5 6 7 8 9 10

Solo con los ojos

Lee las palabras de cada columna de arriba abajo.

El problema es que hoy es lunes, y	que faltan tres días enteros hasta el jueves…	¿Cómo voy a arreglármelas para esperar tanto tiempo?

→ **¿Cuántos días quedan para que llegue el jueves?** ....

Lee varias veces cada pareja de palabras fijando la vista en el punto.

camisa ● navío	tela ● novia	cama ● jardín
botas ● soldado	maino ● pájaro	fuente ● sábana
pólvora ● bolsa	bolsa ● camisa	camisa ● agua
bizcocho ● puerto	caja ● edredón	geranio ● techo

→ **¿Qué palabra se repite tres veces?** ....

Busca las palabras que no se repiten y escríbelas.

cubo	borla	cielo	cabo	cama	cisterna
borla	coma	bueno	balón	bolo	cieno
cabo	cisterna	bolo	cieno	cabo	borla
cama	bueno	cielo			

brújula	seto	tuétano	colibrí	coto	piano
iris	sábado	andamio	piano	arándano	brújula
piano	colibrí	iris	seto	sábado	coto
coto	probeta	tuétano			

tiempo	colibrí	candelabro	tiempo	jueves	fuente
fiesta	fuente	camisa	vela	colibrí	cama
vela	cama	sábana	navío	bolsa	navío
camisa	candelabro	jueves			

¡Vivan las fiestas de Montemolón!

➡ **Lee con atención el programa de fiestas y realiza las actividades.**

Fiestas de Montemolón

Viernes, sábado y domingo de la segunda semana de agosto

PROGRAMA

Día 1. Viernes

✳ **20:00. Teatro.** *Eloísa está debajo de un almendro*, de Enrique Jardiel Poncela. En el teatro de la Plaza del Pueblo.

✳ **22:00. Música.** *Orquesta Chachachá*. En la Plaza del Pueblo. Tangos y pasodobles.

Día 2. Sábado

✳ **12:00.** Tradicional **batalla acuática**, en el Paseo del Río. Con pistolas y globos de agua.

✳ **21:00.** Espectáculo de **sombras chinas**, en la Plaza del Pueblo.

Día 3. Domingo

✳ **22:00. Música.** *Orquesta Chachachá*. En la Plaza del Pueblo. Dos horas con los clásicos del pop y el rock.

✳ **24:00. Fuegos artificiales** para despedir las fiestas.

Mercadillo medieval

Todos los días en la Plaza del Pueblo de 10:00 a 24:00 horas.

Puestos de comida (patatas asadas, brochetas y dulces típicos) y regalos (pendientes, pañuelos y ropa casual).

➡ **Indica si las siguientes afirmaciones son verdaderas (V) o falsas (F).**

	V	F
El mercadillo medieval está todos los días de la fiesta.	☐	☐
Los fuegos artificiales cierran las fiestas de Montemolón.	☐	☐
La batalla acuática consiste en ir con canoas por el río.	☐	☐
La fiesta empieza el primer viernes de agosto y dura hasta el lunes.	☐	☐
Montemolón tiene un teatro que está en la plaza del pueblo y un río.	☐	☐

➡ **Señala las cosas que se pueden comprar en el mercadillo medieval.**

☐ Dulces típicos. ☐ Plantas. ☐ Empanadillas argentinas.

☐ Pendientes. ☐ Bocadillos. ☐ Patatas asadas.

➡ **¿Qué obra representan en el teatro?**

_____

_____

¡Empezamos!

Lee el capítulo 7 y realiza las actividades.

➡ **¿Cómo despierta Eva a Raquel?**

a Hablándole desde la puerta.

b Hablándole al oído.

c Golpeando una cacerola.

➡ **¿Dónde encuentran el diario por la mañana?**

a En la caja fuerte.

b En la mesilla de Raquel.

c En el suelo.

➡ **¿Dónde y cuándo han quedado con el abuelo?**

a Por la mañana, en la Fundación Miró.

b Por la tarde, en el Museo Nacional de Arte.

c Por la tarde, en la Fundación Miró.

➡ **Victoria dice al abuelo que...**

a quiere invitarlos a su casa de Sevilla.

b les enviará más objetos que guarda..

c irá a Barcelona para conocerles.

➡ **¿Qué ánimo tenía Cristina al escribir lo que leen del diario?**

a Alegría inmensa.

b Profundo enfado.

c Frustración y tristeza.

➡ **En la función de sombras, ¿dónde se sienta Pedro?**

a Junto a Cristina.

b Cuatro filas por delante de Cristina.

c Cuatro filas por detrás de Cristina.

➡ **Lee las siguientes afirmaciones y señala las que son una opinión (O) o un hecho (H).**

O   H

• El abuelo cree que sus nietas no valoran el diario. ☐ ☐

• Eva y Raquel se ponen de acuerdo frente al abuelo. ☐ ☐

• Carmen se enfada con el abuelo por las cosas que dice. ☐ ☐

• Luis defiende que sus hijas decidan qué hacer con el diario. ☐ ☐

• El abuelo cree que tienen el diario por un capricho de Victoria. ☐ ☐

• Todos quieren empezar a leer el diario. ☐ ☐

➡ **¿Qué representan en la función de sombras?**

_____

_____

Juega con las palabras

Lee el párrafo del libro en el que están las palabras indicadas para deducir su significado.

¡Fíjate en el ejemplo!

➡ Asigna el número de cada palabra a los fragmentos que completan su definición.

1 **títeres** (página 55)
2 **amnésica** (página 55)
3 **serenidad** (página 59)
4 **fragata** (página 63)
5 **turbación** (página 67)
6 **viveza** (página 67)
7 **impasible** (página 68)
8 **dominio** (página 68)
9 **escalinata** (página 69)

[ ] Estado de ánimo
[ ] Territorio de
[1] Muñecos que
[ ] Que ha perdido
[ ] Que no siente
[ ] Tipo de escalera
[ ] Cualidad de
[ ] Barco armado
[ ] Energía y expresividad

[ ] nada, con indiferencia.
[ ] confuso, desorientado.
[ ] al decir algo.
[1] se mueven con hilos.
[ ] que está en el exterior.
[ ] para la guerra.
[ ] la memoria.
[ ] estar calmado.
[ ] un Estado.

En espejo

Lee este texto en espejo y contesta a las preguntas.

Mientras esperaban al abuelo, las niñas dieron una vuelta con Luis por las salas de la Fundación. Los cuadros de Miró le parecieron a Raquel como ventanas a un mundo distinto, un universo lleno de alegría y color. Le habría gustado atravesar una de aquellas ventanas y entrar en ese universo del pintor: ya se veía a sí misma caminando por una explanada naranja, bajo un cielo tan verde como la hierba...

➡ ¿Con quién estaban las niñas? _____

➡ ¿A quién esperaban? _____

➡ ¿Dónde se encontraban todos? _____

➡ ¿Qué estaban viendo? _____

➡ ¿Qué le parecía a Raquel? _____

A ver si recuerdas

Señala con una cruz las cinco palabras y los cinco grupos de palabras que aparecen en el texto de la página anterior.

☐ exposición   ☐ La sala estaba vacía.

☐ pared   ☐ Estaba entusiasmada.

☐ universo   ☐ Mientras esperaban al abuelo.

☐ marcos   ☐ tan azul que deslumbraba.

☐ salas   ☐ ya se veía a sí misma.

☐ cielo   ☐ ventanas a un mundo distinto.

☐ pintor   ☐ tan verde como la hierba.

☐ ladera   ☐ cuadros enormes y desconcertantes.

☐ explanada   ☐ atravesar una de aquellas ventanas.

☐ nube   ☐ la luz a media intensidad

Ponle título

Escribe al lado de cada título el número que se corresponda con las oraciones de la izquierda.

1 Llegó el gran día, y el gran día ha resultado ser el peor de mi vida.

2 Preferiría no haber oído lo que me dijo y, sin embargo, habría sido peor que no me lo dijera.

3 Noté cómo el rubor teñía mis mejillas, y empecé a juguetear con el abanico para tener ocupadas las manos.

4 ¡Dios mío, que vuelva! ¡Que vuelva a mi lado, y que para entonces no haya cambiado lo que siente por mí!

5 ¡Creo que nunca se me ha hecho tan larga una representación!

☐ ¡Qué nervios!

☐ Un deseo

☐ Impaciencia

☐ Lo menos malo

☐ ¡Un chasco!

➡ **Elige el título que más te guste y explica por qué.**

....

....

....

Mensaje secreto

Escribe en cada espacio la letra que corresponda según esté a la izquierdr (I) o a la derecha (D) de los números y lee el mensaje.

I		D
C	1	R
I	2	S
T	3	N
A	4	L
O	5	P
Q	6	U
E	7	D
V	8	Y
G	9	H
M	10	.

1I 1D 2I 2D 3I 2I 3D 4I   3D 5I   9D 4I 1I 7I

,

10I 4I 2D   6I 6D 7I   4D 4D 5I 1D 4I 1D

5D 5I 1D 6I 6D 7I   3D 5I   6I 6D 2I 7I 1D 7I

6I 6D 7I   5D 7I 7D 1D 5I   8I 4I 8D 4I   4I

4D 4I   9I 6D 7I 1D 1D 4I 10D

¿Levantas la mirada?

Lee este texto como si fueras un presentador de televisión. Alza los ojos cada vez que encuentres este símbolo 👁 .

No puedo decir que el espectáculo no estuviese bien: 👁 contaba la Creación del Mundo y la expulsión de Adán y Eva del Paraíso a través de varios cuadros de sombras muy bien conseguidos, 👁 y los efectos de iluminación eran impresionantes. 👁 Luego, durante los fuegos artificiales, 👁 reprodujeron la efigie de su Majestad Fernando VII, entre otras cosas... 👁

La gente no podía dejar de exclamar «oh» y «ah», 👁 e incluso hubo una señora que se desmayó de la impresión.

Autoevaluación

Al leer, ¿diriges la **mirada** al auditorio?

Valóralo del 1 al 10

1 2 3 4 5 6 7 8 9 10

Solo con los ojos

Lee las palabras de cada etiqueta de un solo golpe de vista.

Sobresaltada, Raquel   se sentó en la cama y   miró a su   alrededor con ojos

soñolientos. Tardó   unos instantes en   reconocer la habitación

del hotel. Al principio,   no sabía ni   dónde estaba.

➜ **¿Qué hace Raquel nada más sentarse en la cama?**

....

Lee cada pareja de palabras fijando la vista en el punto.

cuadro	●	plato	terraza	●	azul	huevo	●	mundo
tiesto	●	rosa	pintura	●	sevillanas	silla	●	rosa
servilleta	●	agua	negro	●	tiesto	bigote	●	amarillo
noticia	●	balcón	agua	●	manguera	morsa	●	tiesto

➜ **¿Qué palabra se repite tres veces?** ....

Escribe las palabras que se repiten en cada columna y el número de veces que lo hacen.

A	**B**	**C**
bolo	ceja	dado
bola	coja	dudo
bala	caja	dedo
boca	cana	dudo
bala	cama	dono
boca	caja	digo
bolo	casa	dedo
bulo	cosa	doma
bolo	coma	doro
boca	cota	dedo
bala	cana	dana
boca	cama	dedo
bolo	cala	dono
bala	cata	dudo
bolo	caja	dedo

A ....

B ....

C ....

Las partes de un teatro

Lee la información de esta infografía.

Los **palcos** son balcones independientes para ver la obra de teatro con más intimidad.

El **escenario** es el espacio donde se hace la representación teatral.

Los **camerinos** son las estancias donde los actores y actrices se visten, peinan y maquillan. Suelen estar junto a los bastidores.

El **patio de butacas** es la zona de asientos de la planta baja. De forma rectangular o semicircular. Cuando está en semicírculo, las primeras filas de delante se llaman platea y lo de atrás anfiteatro.

Los **bastidores** son soportes de madera para guardar los decorados del escenario. También se llaman así los lienzos pintados que hacen de decorado.

Los actores suelen colocarse tras los bastidores para salir al escenario.

Los teatros más pequeños pueden tener un máximo de cuarenta butacas y los más grandes más de quinientas.

➜ **Indica si las siguientes afirmaciones son verdaderas (V) o falsas (F).**

	V	F
Los actores se cambian de ropa en los bastidores.	☐	☐
El patio de butacas puede ser rectangular.	☐	☐
Los palcos están por encima del patio de butacas.	☐	☐
Los camerinos se encuentran en la zona de entrada.	☐	☐
Los teatros más grandes tienen más de quinientas butacas.	☐	☐

➜ **¿Cuántos asientos puede haber en los teatros más pequeños?**

☐ 20   ☐ 40   ☐ 60

☐ 100   ☐ 200   ☐ Más de 500

➜ **¿En qué partes se dividen los patios de butacas que están en semicírculo?**

_____

➜ **¿Qué obra literaria te gustaría ver representada en un teatro?**

_____

_____

_____

 Organiza las ideas

Lee esta oración:

Los teatros se dividen en zona del público, escenario y bastidores.

→ Rodea con un círculo rojo el concepto central y con círculos azules los conceptos principales. Subraya las palabras de enlace.

→ Completa con estas ideas el mapa conceptual.

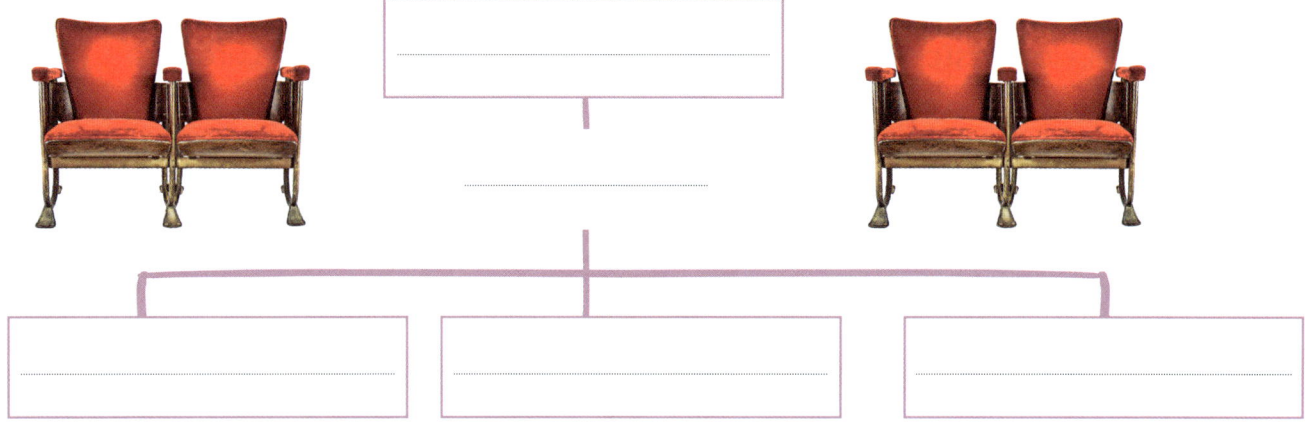

¡Ahora tú!

→ Lee el mapa conceptual e intenta reconstruir el texto con tus palabras. Explica su contenido al resto de la clase.

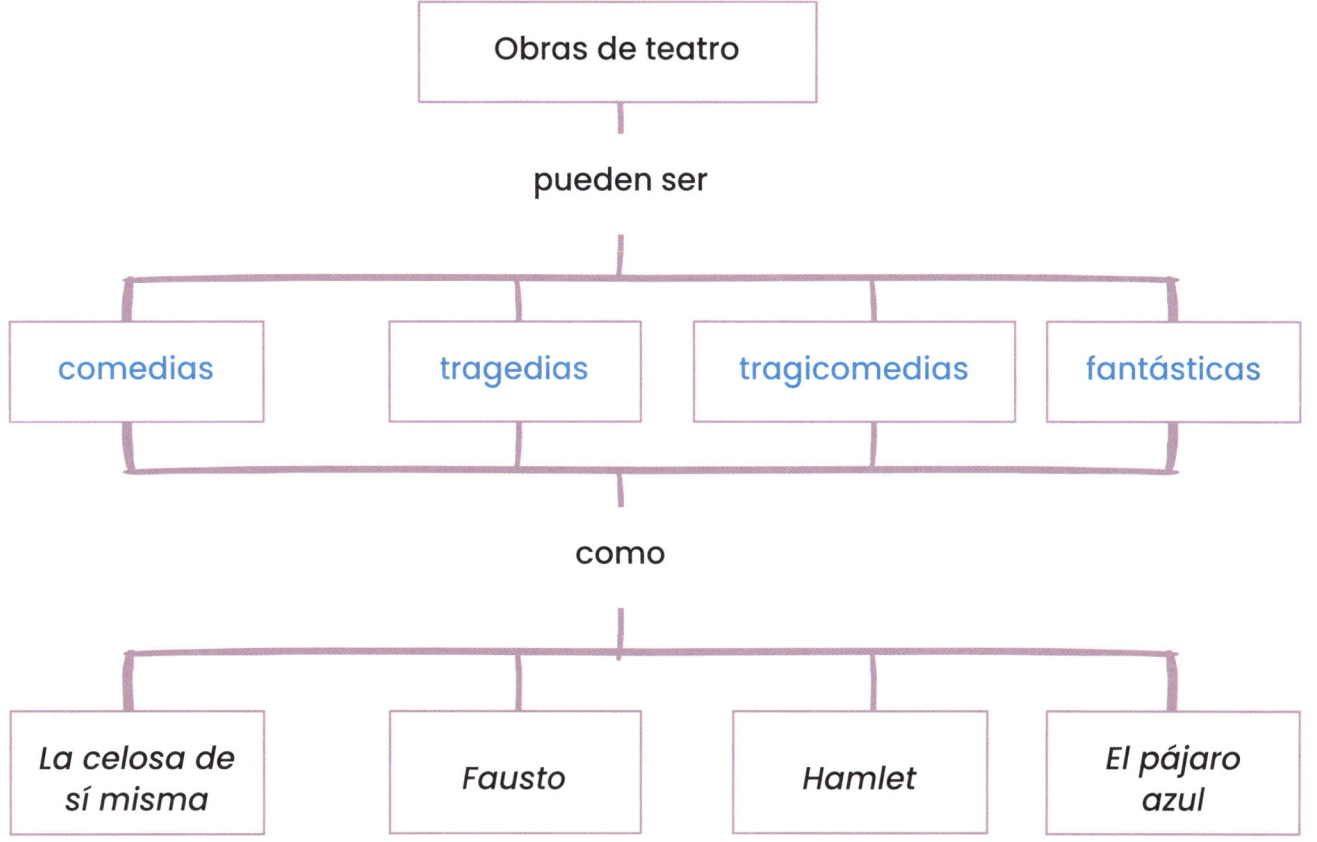

Pero por fin el momento llegó...

Presta mucha atención al texto que vas a escuchar. Luego, realiza las actividades

El texto está en las páginas 65 a 69 del libro.

➜ **Pedro busca a Cristina cuando...**

a termina la función de sombras.

b termina el concierto.

c terminan los fuegos líricos.

d terminan las fiestas.

➜ **Alfonso se va con la excusa de...**

a ayudar a su madre.

b saludar a unos amigos.

c buscar unos papeles.

d hacer un recado urgente.

➜ **Alfonso y Pedro conversan sobre...**

a las cosas de la academia.

b qué les ha parecido la función.

c la fragata dañada en el puerto.

d el mal tiempo que hace.

➜ **Pedro le dice a Cristina que...**

a le gusta.

b necesita decirle algo importante.

c necesita su ayuda con urgencia.

d le gustaría que fueran amigos.

➜ **Numera del 1 al 6 estas situaciones según el orden en el que suceden.**

☐ Cristina le pregunta si eso era la cosa que tenía que decirle.

☐ Pedro le pide a Cristina que se retire con él para hablar.

☐ Cristina afirma que sus asuntos sí le interesan.

☐ Pedro le pregunta a Cristina si le ha gustado la función.

☐ Pedro duda si a Cristina le interesan sus asuntos personales.

☐ Pedro dice que lo que le va a confesar no lo sabe ni su madre.

➜ **¿Qué le confiesa Pedro a Cristina y qué le pide a ella que haga?**

....

....

➜ **¿Qué esperaba Cristina que le dijera Pedro?**

....

➜ **Si pudieses elegir, ¿qué personaje te gustaría ser? ¿Por qué?**

☐ Cristina   ☐ Alfonso   ☐ Pedro

....

....

JUEGO 7

¡Empezamos!

Lee el **capítulo 8** y realiza las actividades.

➙ **Al abuelo no le interesa…**

a la historia de amor.

b las penas de la época.

c la historia familiar.

d la creación de las Cortes.

➙ **La flota de Renovales partirá a…**

a Santander.

b La Coruña.

c Lugo.

d Lisboa.

➙ **La familia de Cristina espera un diputado…**

a gaditano.

b colombiano.

c mexicano.

d argentino.

➙ **¿Para qué se celebraron las Cortes?**

a Para traer de nuevo al rey.

b Para pensar estrategias de guerra.

c Para elaborar una Constitución.

d Para expulsar a los franceses.

➙ **La madre de Cristina está disgustada porque…**

a se encuentran en guerra.

b su marido se ha alistado.

c ha discutido con su hermana.

d Alfonso se ha alistado.

➙ **¿Quién era el rey de España en la época de Cristina?**

a Felipe IV.

b Carlos III.

c Fernando VII.

d Fernando VI.

➙ **¿Qué tres posturas tenían los diputados ante la nueva Constitución?**

1 _____

_____

2 _____

_____

3 _____

_____

➙ **¿Cómo se llamaban los dos partidos que promovían las dos posturas extremas ante la nueva Constitución?**

_____

Juega con las palabras

Busca cada palabra en la página indicada del libro. Lee el párrafo en el que está para deducir su significado.

➡ **Escribe el número de cada palabra junto a su significado.**

1 **tratado** (página 70)

2 **ultramar** (página 73)

3 **digna** (página 73)

4 **botarate** (página 73)

5 **frentes** (página 73)

6 **flota** (página 73)

7 **apertura** (página 74)

8 **paisanos** (página 75)

9 **sustitutos** (página 75)

10 **sacrificios** (página 76)

☐ Que es decente y respetable.

☐ Documento sobre una materia.

☐ Persona poco sensata o prudente.

☐ Conjunto de barcos.

☐ Renuncias por un bien mayor.

☐ Acto de comenzar las tareas de una institución.

☐ Naturales del mismo país o provincia.

☐ Lugar que está al otro lado del Atlántico.

☐ Lugares por los que avanzan los ejércitos.

☐ Personas que ocupan el lugar de otras.

➡ **Señala las dos oraciones en las que la palabra resaltada se utiliza correctamente.**

☐ Es un **botarate,** siempre está haciendo tonterías.

☐ Sara tiene una **flota** de pendientes en su joyero.

☐ Hay que hacer un resumen de los primeros **paisanos** de la novela.

☐ No comer muchos bollos es un **sacrificio** que hay que hacer por salud.

➡ **Elige dos palabras del primer ejercicio de la que no conocías su significado o te parezca difícil. Escribe una oración con cada una de ellas.**

Palabra: ....

Oración: ....

....

Palabra: ....

Oración: ....

....

¿Qué falta?

Completa esta tabla con los nombres y verbos que faltan.

➡ **Luego construye tres oraciones con algunas de las palabras.**

Nombre	Verbo
almacén	
	cocer
exigencia	
	huir
interés	

Nombre	Verbo
	construir
cierre	
	ordenar
risa	
	traducir

1 _____

2 _____

3 _____

 # En clave

Lee el texto y subraya las dos palabras que consideres más importantes para resumirlo.

Madre está muy disgustada con ese asunto, porque dice que, con tantos meses de asedio, apenas si podemos sostenernos nosotros de una manera digna, y que su despensa no es lo que era, ni puede ofrecerle a su huésped las comodidades a las que estará acostumbrado… Mamá exagera, como de costumbre, y yo sé que en el fondo habla mucho de ese asunto del diputado para no hablar del otro, que es el que realmente le preocupa: el alistamiento de Alfonso.

➡ **Escribe un resumen sin leerlo de nuevo y utilizando las dos palabras.**

_____

¡Mucha atención!

Rodea lo que no se repite.

¿Cómo es tu entonación?

Lee en voz alta las siguientes oraciones, cada vez con una de las entonaciones propuestas.

interrogación • exclamación • enfado • grito • pena

- El abuelo gruñó cuando Raquel cerró el diario con aire pensativo.
- El abuelo, con un suspiro, abrió el diario y empezó a hojearlo.
- Vaya, esto podría ser interesante, por la fecha.
- A ti la memoria no te falla nunca, papá.
- Ayer se inauguraron oficialmente las Cortes en la Isla de León.
- El abuelo cerró el cuaderno con aire satisfecho.

Autoevaluación

¿Has utilizado una **entonación** adecuada en cada oración?

Valóralo del 1 al 10

1 2 3 4 5 6 7 8 9 10

Solo con los ojos

Lee las palabras de cada etiqueta de un solo golpe de vista.

Todos los   días llegan nuevos   diputados de los que

van a participar en   las Cortes, que se   reunirán oficialmente,

según dicen, dentro   de unas semanas.   Los de Ultramar, según

contó padre ayer   durante la cena,   empezarán a llegar

pronto a bordo de   barcos ingleses.

➡ **¿Cuándo se reunirán para participar en las Cortes?**

Lee cada pareja de palabras fijando la vista en el punto.

padre	●	lluvia		roca	●	tabla		banco	●	vena
diván	●	cajas		puerto	●	música		cajas	●	barco
mozo	●	viento		busto	●	cajas		humo	●	huevo

➡ **¿Qué palabra se repite tres veces?**

¿ Cuántas veces se repite la primera palabra de cada serie?

cuña	caña, ceño, celo, cebo, ciño, cuña, caño, cuña, celo, cebo, ciño, cuña, caña, ceno, ceño, caño, cuña, ciño, cirio, cielo, celo, cebo, ceño, cuna, cuba, cuña, caña, cala, cava.	▢
boda	bola, boca, bota, boda, boba, boca, buda, bula, bulo, bolo, bola, boda, broma, boga, boda, bota, bono, boda, boba, boca, bola, boda, borla, bolo, boda, buda, bula, bala, bella.	▢
caja	casa, cama, caja, ceja, cena, cima, caja, cala, cola, coma, cuela, cuenca, cieno, cielo, como, coma, cojo, cota, cola, cala, casa, cosa, cota, cono, coto, caja, ceja, casa, cata.	▢

Una invitación

Lee la siguiente invitación y responde a las preguntas.

CONGRESO DE LOS DIPUTADOS

Le invitamos a conocer el Palacio de las Cortes

Con motivo del 180 aniversario del inicio de su construcción en 1843 por el arquitecto Narciso Pascual y Colomer

- **FECHA:** durante todo el año.
- **HORA:** a partir de las 19:00 h.
- **LUGAR:** Plaza de las Cortes, número 1, 28014, Madrid.

DETALLES DE LA VISITA
- Duración aproximada: 1 hora.
- Se mostrarán el Salón de Sesiones, el Salón de Conferencias y la Biblioteca.
- Todas las visitas son gratuitas y cuentan con un guía.

OBSERVACIONES

Las visitas se pueden suspender por actos institucionales o parlamentarios.
Durante el mes de agosto y en los días festivos no se realizan visitas.

ES IMPRESCINDIBLE PRESENTAR EL DNI PARA ENTRAR

➡ **Indica si las siguientes afirmaciones son verdaderas (V) o falsas (F).**

	V	F
La invitación es por el 180 aniversario de la construcción del palacio.	☐	☐
Se puede visitar si llevas el DNI y tu partida de nacimiento.	☐	☐
En la visita, se entra y se accede libremente por donde uno quiere.	☐	☐
Narciso Pascual y Colomer es el arquitecto que construyó el edificio.	☐	☐
Durante la visita solo se muestra el Salón de Sesiones.	☐	☐

➡ **¿De qué año es esta invitación?**

☐ 2003　　☐ 2013　　☐ 2023　　☐ 2005　　☐ 2015　　☐ 2025

➡ **Completa estas informaciones.**

Hora: _____　　Fecha: _____

Lugar: _____　　Ciudad: _____

➡ **¿En qué situaciones no podrías hacer la visita?**

_____

_____

JUEGO 8

LEE EN SILENCIO

Puedes consultar el libro las veces que lo necesites

¡Empezamos!

Lee los **capítulos 9** y **10** y, después, realiza las actividades.

→ **¿Dónde se van todos al día siguiente?**

a Al puerto marino.

b A Lérida.

c A Sevilla.

→ **¿Quién empieza a leer el diario?**

a Eva.

b Raquel.

c Carmen.

→ **En la época de Cristina, se plantea aprobar un Decreto de...**

a Libertad de prensa.

b Libertad de voto.

c Libertad animal.

→ **¿Qué ha pasado con la expedición de Renovales?**

a Ha sido todo un éxito.

b Ha sido un completo fracaso.

c Ha sido un fraude del capitán.

→ **¿Qué se ha roto a Pedro en la expedición?**

a El tobillo.

b La clavícula.

c El brazo.

→ **Los diputados americanos piden...**

a igualdad de trato.

b aumentar el comercio de especias.

c más tierras para gobernar.

→ **Lee las siguientes afirmaciones y escribe si son una opinión (O) o un hecho (H).**

	O	H
• Cristina cree que Alfonso sabe lo que sienten Pedro y ella.	☐	☐
• El tren de alta velocidad no hace paradas.	☐	☐
• Cristina se pasa dos meses sin escribir en el diario.	☐	☐
• Teresa piensa que lo que piden los de Ultramar es secundario.	☐	☐
• El padre de Cristina cree que Santacruz tiene razón.	☐	☐
• Eva y Raquel descubren que las manchas del diario son lágrimas.	☐	☐

→ **¿Qué mujeres periodistas eran conocidas en la época?**

_____

→ **¿Qué sospecha el padre de Cristina que pasará si no hacen caso a los americanos?**

_____

Juega con las palabras

Ordena las sílabas para formar palabras y búscalas en la página indicada para deducir su significado.

(página 79)	(página 80)	(página 82)	(página 82)
tas pu dis	ción vo re lu	di ex ción pe	tio ges nes

(página 83)	(página 85)	(página 86)	(página 88)
dum in bre ti cer	ge tra dia	ne lem so	vue re lo

➡ **Escribe al lado de cada explicación la palabra que corresponda.**

- ....   Agitación entre personas.
- ....   Peleas, discusiones o desacuerdos.
- ....   De forma grave y majestuosa.
- ....   Falta de tranquilidad, ansiedad.
- ....   Excursión hecha con un fin.
- ....   Trámites para conseguir algo.
- ....   Desastre irreparable.
- ....   Cambio profundo en una sociedad.

Texto partido

Lee este texto que se ha cortado. Después, contesta a las preguntas.

Aquella noche, mientras Carmen y Luis hacían las maletas, sus hijas se refugiaron en su habitación del hotel para seguir leyendo el diario de Cristina.
Al día siguiente regresaban a Sevilla y el abuelo, antes de despedirse, les había dado un papelito con el teléfono de Victoria, la anciana que les había enviado el diario como regalo de cumpleaños. Estaban dispuestas a llamarla en cuanto estuviesen de vuelta en casa, pero antes querían avanzar lo más posible en la lectura del cuaderno. Así Victoria se daría cuenta de lo mucho que habían apreciado su regalo.

➡ **¿Qué hacían Carmen y Luis?** ....

➡ **¿Y qué hacían Eva y Raquel?** ....

A ver si recuerdas

Recuerda el texto de la actividad anterior. Fíjate bien en los dibujos y ordénalos según aparecen en él.

➡ **Cuenta la historia a tus compañeros, sin olvidar ningún detalle.**

En resumen

Señala el resumen que te parezca más apropiado para este texto.

Raquel observó cómo su hermana hojeaba durante unos segundos el cuaderno con el ceño arrugado.

—La siguiente anotación, después de lo que leímos ayer, es de finales de enero de 1811 —comentó—. Parece que Cristina estuvo casi dos meses sin escribir.

—Uf —murmuró Raquel—. Eso no me suena a buenas noticias.

—Pronto lo sabremos. Mira, aquí vuelve a hablar de Pedro y de su hermano… ¡Menos mal, parece que se salvaron!

—¿Volvieron a casa? ¿Qué es lo que dice? —Raquel no podía contener su impaciencia—. Venga, por favor, ¡lee!

Raquel se impacienta cuando Eva dice que el diario de Cristina vuelve a hablar de Pedro y Alfonso, porque quiere decir que se salvaron.	Raquel mira con recelo a Eva porque se teme que ha pasado lo peor, sobre todo, porque Cristina ha estado dos meses sin escribir.	Eva comenta que Cristina estuvo dos meses sin escribir y Raquel se teme lo peor, pero Eva ve que Pedro y Alfonso se salvaron.

¡Atención a las fotos!

Observa los objetos del primer cuadro y escribe el número del objeto que falta en el resto.

¿Cómo lees?

Lee este texto subiendo o bajando la entonación en la dirección indicada.

Nuestro huésped se apellida Santacruz, ↑ y es un hombre elegante y de buenos modales. ↓ Se nota que pertenece a la mejor sociedad mexicana, ↑ y que ha leído mucho. ↓ Es sumamente amable con todos nosotros, ↑ y se muestra especialmente agradecido con mi madre por todas sus atenciones. ↓ En la mesa, ↑ su conversación es agradable e ingeniosa, ↑ pero está claro que evita los temas más comprometidos.

Autoevaluación

¿Has usado la **intensidad** y **volumen** adecuados para leer el texto?

Valóralo del 1 al 10

| 1 | 2 | 3 | 4 | 5 | 6 | 7 | 8 | 9 | 10 |

Solo con los ojos

Lee el texto intentando abarcar cada línea en un solo golpe de vista.

Hemos venido
a pedir, señora, es
cierto (replicó Santacruz
mortalmente serio). Pero no
pedimos favores, sino justicia.
Queremos
que se nos trate como a los
españoles
de aquí, ni más ni menos...
Queremos únicamente
lo que es nuestro.

➡ **¿Qué es lo que no piden?**

Lee cada pareja de palabras fijando la vista en el punto.

nevada	● manos	buque	● timbre	parque	● tablón
parque	● bastón	gente	● camilla	camión	● corcho
vestidos	● cojín	oboe	● sombrero	parque	● tabla

➡ **¿Qué palabra se repite tres veces?**

Indica cuántas palabras contienen la sílaba de la izquierda.

BLA	escoba, cobijo, balcón, tabla, acabado, habla, banco, balada, blanco, ablandar, bandada, bandas, barca, baldosa, basura, babero, balones, cobra, branquia, brasero, balcón.	▢
BLE	belleza, tablero, cable, rebelde, posible, beca, aberrante, bélico, belga, bellota, beso, bebida, mozárabe, concibe, tablero, betún, mueble, berberecho, imberbe, comestible, nobel.	▢
BRA	barcaza, abrazo, costumbre, brazalete, brasero, barbudo, hembra, maniobra, blancura, barca, balón, ballena, cabra, cebra, barba, barcaza, acabado, braga, babor, base.	▢
BRO	macabro, botella, broma, boniato, asombroso, bonito, abono, boreal, hombro, embrollo, bodega, bobo, abogado, abolir, bofetón, abombado, brocha, bocina, bolo, boca.	▢

Una pionera del periodismo

Lee la historia de Carmen de Burgos. Después, realiza las actividades.

Carmen de Burgos (Almería, 1867 - Madrid, 1932)

Carmen de Burgos fue una mujer adelantada a su tiempo. Fue defensora de los derechos de la mujer y una de las primeras periodistas españolas. En 1895 se sacó el título de maestra de Primaria y trabajó en una escuela de Guadalajara durante varios años. Compaginó este trabajo con la traducción y la escritura de obras literarias y artículos periodísticos.

A partir de 1902, empezó a colaborar con el periódico *El Globo,* en una columna que se llamó «Notas femeninas», hablando sobre las mujeres. Un año después, en 1903, la contrataron en el *Diario Universal* para escribir una sección, titulada «Lecturas para la mujer». Solía firmar sus escritos con los nombres de Colombine y Honorine.

En 1907, la admitieron en la Asociación de la Prensa de Madrid y escribió en el *Heraldo de Madrid* a favor del voto de la mujer (algo que se logró en 1931). En 1909, fue a la Guerra de Melilla para informar de ella en el *Heraldo de Madrid*. De este modo, fue la primera periodista que hizo de corresponsal de guerra.

➡ **Indica si cada una de estas afirmaciones es verdadera (V) o falsa (F).**

	V	F
• Carmen de Burgos escribió la columna «Notas femeninas».	☐	☐
• Solo se dedicó a escribir en periódicos.	☐	☐
• El único diario para el que trabajó fue *El Globo*.	☐	☐
• Fue la primera mujer periodista que hizo de corresponsal de guerra.	☐	☐
• Escribió para defender el voto de la mujer.	☐	☐

➡ **¿Marca las profesiones que ejerció Carmen de Burgos.**

☐ Profesora   ☐ Abogada   ☐ Traductora

☐ Escritora   ☐ Periodista   ☐ Pintora

➡ **¿Con qué pseudónimos firmaba?**

_____

➡ **¿Qué datos de su biografía te parecen más interesantes?**

_____

JUEGO 9

LEE EN SILENCIO

Puedes consultar el libro las veces que lo necesites

¡Empezamos!

Lee el **capítulo 11** y el **epílogo**. Después, realiza las actividades.

➡ **Indica si estas afirmaciones son verdaderas (V) o falsas (F).**

- ☐ Raquel se despierta sobresaltada cuando llegan a Córdoba.
- ☐ En 1811 hubo una epidemia de peste negra.
- ☐ Varios diputados enfermaron y murieron por la epidemia.
- ☐ Santacruz fue uno de los diputados que murieron.
- ☐ La Constitución se aprobó en diciembre de 1812.
- ☐ Nunca llegó a aplicarse plenamente la Constitución de 1812.
- ☐ Fernando VII abolió el decreto de libertad de expresión.
- ☐ En 1811 Cristina no recibe ni una sola carta de Pedro.
- ☐ Las gemelas y su familia han quedado para comer con Victoria.
- ☐ Victoria tiene un huésped mexicano que estudia a Santacruz.
- ☐ Cristina tuvo tres hijos, dos chicas y un chico.
- ☐ El día de la ceremonia de la Constitución hubo tormenta.

➡ **Relaciona con una flecha cada personaje con lo que dice.**

Carmen •   • Todavía me emociono cuando leo estas líneas.

Raquel •   • ¿Fiebre? ¿Quién tiene fiebre?

Eva •   • ¡La verdad es que me muero de hambre!

Victoria •   • Si te sientes capaz de cuidarlo bien...

➡ **¿Qué plato no ha cocinado Victoria?**

- ☐ Bacalao guisado.
- ☐ Gallina en pepitoria.
- ☐ Gazpacho andaluz.
- ☐ Pescaditos en adobo.

➡ **¿Por qué se llama «La Pepa» a la Constitución de 1812?**

....

....

Juega con las palabras

Busca cada palabra en la página indicada del libro. Lee el párrafo en el que está para deducir su significado.

➡ Escribe al lado de cada palabra el número de la oración que la explica.

1 Tubérculo parecido a las patatas, naranja y de sabor dulce.

2 Tejido calado con bordados.

3 Claridad del cielo antes de que salga el sol o cuando se pone.

4 Conjunto de organismos de un Estado.

5 Himno religioso de la Iglesia católica.

6 Dinero que se paga a un gobierno para los servicios públicos.

7 Tela de seda muy lujosa.

8 Enfermedad que afecta a un gran número de personas.

9 Rodapié o parte baja de las paredes

10 Caldo o salsa con el que se da gusto a una comida.

☐ **crepúsculo** (página 93)

☐ **epidemia** (página 93)

☐ **administración** (página 96)

☐ **impuestos** (página 96)

☐ **zócalo** (página 101)

☐ **batata** (página 104)

☐ **adobo** (página 104)

☐ **tedeum** (página 106)

☐ **brocado** (página 108)

☐ **encaje** (página 110)

➡ Rodea la batata.

➡ Señala las dos oraciones en las que la palabra resaltada se utiliza correctamente.

☐ Estaba tan hambriento que se comió todo de un **brocado.**

☐ Parte de los **impuestos** van a la educación pública.

☐ Eres un **zócalo,** nunca te enteras de nada.

☐ Mi madre tiene una camisa con las mangas de **encaje.**

 Al completo

Completa el texto escribiendo los números de las frases en los lugares adecuados

1 de varios pisos con naranjas

2 las velas encendidas

3 con la boca abierta

4 delicadas copas de cristal

5 adornada con un precioso

6 luz de las velas

7 las fuentes de plata

8 en el comedor

Cuando entraron ☐ , Eva y Raquel se quedaron ☐ . Sobre la mesa, ☐ mantel bordado, había dos candelabros que tenían ☐ . La vajilla de porcelana brillaba a la ☐ , lo mismo que ☐ repletas de comida y las ☐ . Al fondo, sobre un aparador, se veía un frutero ☐ , plátanos, una piña y otras frutas tropicales.

¡Sigue las pistas!

Lee las pistas para averiguar cuál de estos personajes es Cristina Ojeda.

Tiene una leve sonrisa.

Lleva un vestido blanco.

Tiene el pelo rizado.

Lleva un bebé en brazos.

Lleva el pelo recogido en la nuca.

Cristina Ojeda es el personaje número ☐

¿Cuántas veces?

Cuenta las veces que se repiten en estas palabras los grupos de letras indicados.

corazón colibrí triste ampliar acelerador cazadora cigüeña

árbol próximo cerro tambor ámbar azada columpio

cacerola cocción acerbo aclarado

cambio plástico tenedor computadora mono

za: _____ ce: _____ mb: _____ mp: _____

¡Recordad las habilidades que habéis trabajado!

¡Os toca!

Preparad este texto para leerlo en voz alta en grupos de tres.

EVA	Nunca hubiera imaginado que una historia de esa época iba a interesarme tanto...
RAQUEL	Ni yo que nosotras dos termináramos poniéndonos de acuerdo...
CARMEN	La verdad es que estáis irreconocibles. Os lleváis mejor que nunca...
EVA	¡Pues claro! Somos hermanas, ¿no?
CARMEN	Sí, pero antes del diario, tu hermana y tú discutíais muy a menudo.
RAQUEL	¡Eso son cosas de la convivencia, mamá! También tú discutes menos con nosotras desde que leemos el diario.
CARMEN	Eso es cierto, pero parece que lo he cambiado por discutir con vuestro abuelo...

Autoevaluación

Evalúa del 1 al 10 las habilidades lectoras representadas en la tabla.

Valóralo del 1 al 10 1 2 3 4 5 6 7 8 9 10

Postura ☐ Mirada ☐ Velocidad ☐ Entonación ☐ Volumen ☐

Solo con los ojos

Lee las palabras de cada etiqueta de un solo golpe de vista.

Victoria · se detuvo un · momento junto · a la fuente y · alzó su mano

arrugada, aunque · todavía elegante, hacia · una de las · ventanas del

piso de arriba, · que estaba abierta.

→ **¿Cómo era la mano de Victoria?**

....

vajilla ● remo		aire ● raso		ojos ● cobra	
edad ● familia		baúl ● comba		rezo ● bajo	
césped ● amor		cuenco ● lazo		olor ● aire	
amigo ● aire		hueco ● cuna		trenza ● uña	

→ **¿Qué palabra está tres veces?** ....

Busca en las columnas las respuestas.

cuenco	113	baúl	837
nervios	897	bambú	257
gritos	314	hueso	412
delfín	596	pasillo	378
capitán	663	alga	453
malva	285	cazo	672
camisa	572	sábana	831
sartén	471	pared	479
tristeza	628	sollozo	646
harina	603	hueco	481
humor	204	perro	127
oración	375	latón	784
huevo	694	timbre	412
libro	309	bolsillo	249
ley	967	ciudadano	801

a) Escribe la palabra que corresponde a cada número

572: ....

204: ....

453: ....

249: ....

b) Escribe el número que corresponde a cada palabra.

delfín: ....

harina: ....

perro: ....

hueso: ....

La historia de la Constitución

Lee con atención esta conversación.

> Ayúdame con el examen. ¿Tú sabes qué es una Constitución?

> Es la ley más importante de un país.

> ¿En España hay una Constitución?

> Sí, los ciudadanos la votaron en un referéndum el 6 de diciembre de 1978. ¿Te suena ese día?

> ¡Claro! ¡Todos los 6 de diciembre son festivos!

> Ese día se celebra el día de nuestra Constitución que, entre otras cosas, defiende el sufragio universal, es decir, que todos los hombres y mujeres mayores de edad pueden elegir libremente a sus representantes políticos.

> ¿Ha habido otras constituciones anteriores a la de 1978?

> Entre 1812 y la actualidad ha habido ocho Constituciones. La primera se aprobó el 19 de marzo de 1812 en las Cortes de Cádiz.

> ¿Por qué estaban las Cortes en Cádiz?

> Porque Napoleón Bonaparte había invadido España y había coronado rey a su hermano, José Bonaparte, tras la huida a Francia de Fernando VII.

➡ **Señala si las siguientes afirmaciones son verdaderas (V) o falsas (F).**

	V	F
Hay leyes que están por encima de la Constitución.	☐	☐
La primera Constitución se aprobó en 1812.	☐	☐
Napoleón Bonaparte puso a su hermano como rey de Francia.	☐	☐
La Constitución actual se aprobó con la llegada de la democracia.	☐	☐
En total, España ha tenido 9 Constituciones.	☐	☐

➡ **¿Qué es el sufragio universal?**

....

Organiza las ideas

> Un servicio de mesa se compone de: platos, cubertería y copas.
> Los platos son llanos y hondos. La cubertería son las cucharas,
> cucharillas, los tenedores y cuchillos. Las copas son pequeñas para
> el vino y grandes para el agua.

➡ **Identifica y subraya en el texto lo siguiente:**

- El concepto o la idea central, de color rojo.
- Los conceptos o las ideas principales, de color azul.
- Otros conceptos, de color verde.
- Las palabras de enlace, de color naranja.

➡ **Completa con estas ideas el mapa conceptual.**

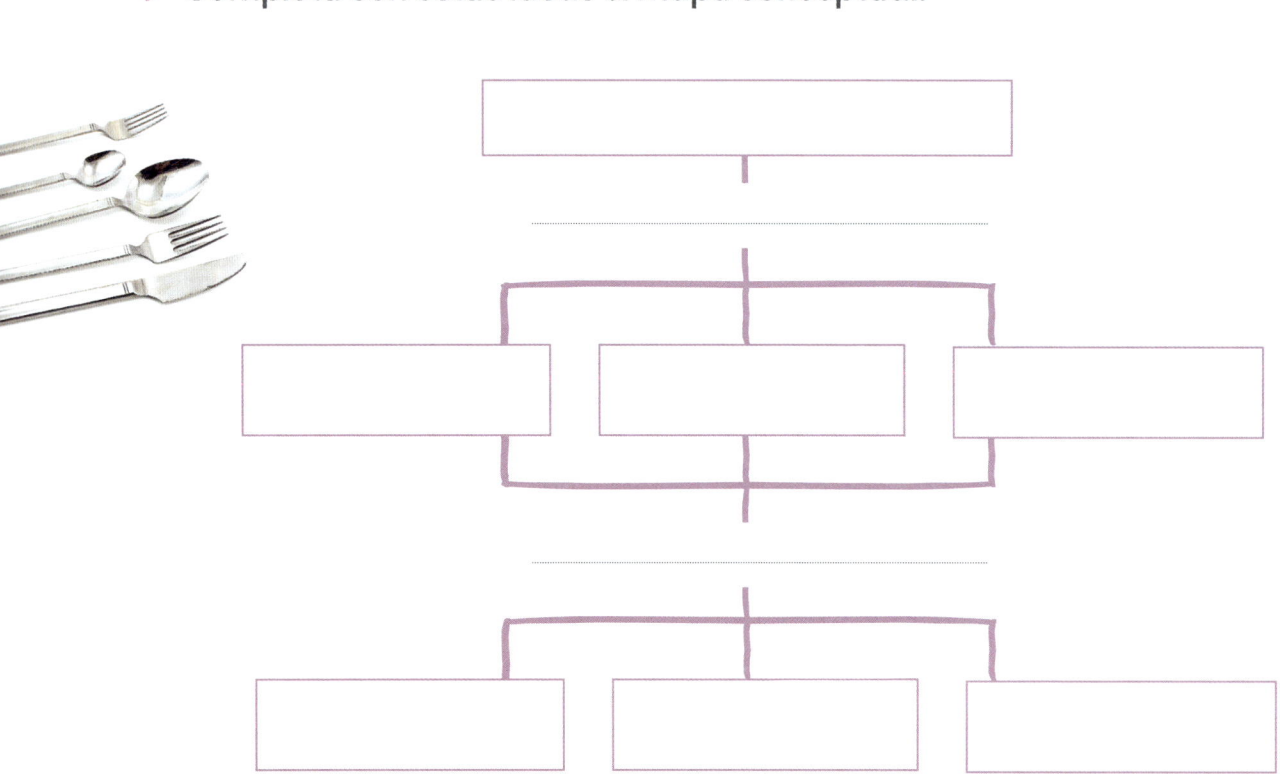

¡Al revés!

➡ **Leyendo solo el mapa conceptual, intenta reconstruir el texto con tus palabras.**

El texto está en las páginas 108 a 111 del libro.

¡Caso resuelto!

Presta mucha atención al texto que vas a escuchar.
Luego, realiza las actividades.

➡ **¿Cómo está Victoria al cerrar el diario?**

a Nostálgica.

b Con una sonrisa en los labios.

c Con lágrimas en los ojos.

d Con hipo.

➡ **¿Cómo eran los ojos de Cristina?**

a Grandes y observadores.

b Almendrados y agudos.

c Grandes y pensativos.

d Almendrados y pensativos.

➡ **En el cuadro del salón, Cristina está...**

a sola.

b con Pedro.

c con Pedro y todos sus hijos.

d con Pedro y sus tres hijos.

➡ **Victoria regala a Raquel...**

a una cajita.

b un abanico.

c una llave.

d una vitrina.

➡ **Marca con una cruz las dos afirmaciones que son verdaderas.**

☐ Cristina no supo nunca más de Pedro.

☐ Victoria saca los regalos de Raquel y Eva de una vitrina.

☐ Pedro volvió a Cádiz y se hizo navegante.

☐ Cristina lleva en el cuadro un vestido largo y blanco.

➡ **Numera del 1 al 4 estas situaciones según el orden en el que suceden.**

☐ Victoria regala dos objetos, uno para Eva y otro para Raquel.

☐ Victoria les guía hasta el salón principal de la vivienda.

☐ Victoria saca una pequeña llave del bolsillo.

☐ Ven un cuadro familiar que hay sobre una cómoda.

➡ **Inventa un nuevo título para el texto que has escuchado.**

....

....

....

En la realización de esta obra han intervenido:

Asesoría

Eva Ariza Trinidad

Edición

Amparo Moreno Gullón

Maquetación

Raima Aguilar Domingo

Diseño gráfico

Cristóbal Gutiérrez Camacho y Antonio Sereno Recio

Ilustración

Luis Tobalina Mayoral

Fotografía

123RF y colaboradores e iStock

Los **audios** para «Escucho y Comprendo» (páginas 23, 43 y 63) están disponibles en

Las actividades de este cuaderno, que se basan en el libro *El diario de Cristina,* de Ana Alonso, publicado por el Grupo Anaya en su colección «Pizca de Sal», están elaborados de acuerdo con los criterios psicopedagógicos y los requerimientos del Proyecto Editorial de Juegos de Lectura - Lectura Eficaz.

La denominación **Juegos de Lectura - Lectura Eficaz** (distintivo con gráfico) está registrada a nombre de Grupo Editorial Bruño, S. L. (marca M1567099).

© del texto: Grupo Editorial Bruño, S. L., 2025
© de esta edición: Grupo Editorial Bruño, S. L., 2025
      Valentín Beato, 21
      28037 Madrid

ISBN: 978-84-696-3592-6
Depósito legal: M-838-2025

Printed in Spain